HAUL A HELI

Dyddgu Owen

Llyfrau'r Dryw Newydd

Hawlfraint © Dyddgu Owen 1984

Cyhoeddwyd gyntaf gan
Christopher Davies (Cyhoeddwyr) Cyf.
Heol Rawlings, Llandybïe
Dyfed SA18 3YD

ISBN 0 7154 0636 1

*Argraffwyd gan
Wasg Salesbury Cyf
Llandybïe, Dyfed*

Dymuna'r cyhoeddwyr gydnabod cymorth Adran Olygyddol
a Chyhoeddusrwydd y Cyngor Llyfrau Cymraeg
a noddir gan Gyngor Celfyddydau Cymru.

HAUL A HELI

Yr awdur gyda'r ddau genhadwr aeth â hi i weld bedd John Davies.

I Susan

DARLUNIAU

CYNNWYS

RHAGAIR

Nid llyfr taith yn yr ystyr arferol yw hwn, ond casgliad o nodiadau personol ar ambell fan a aeth â 'mryd, wrth ddilyn yr haul o le i le. Hwyrach y dywed rhai fy mod yn rhy barod i ganmol, ond mae canmol yn anhepgor, gan imi ddewis y mannau hyfryd sydd yn apelio'n arbennig ataf. Mae'n sicr fod yna ryfeddodau yn disgwyl amdanom yn yr eangderau, ond bydd ganddynt waith cystadlu â phrydferthwch anhygoel y blaned hon. Mawrygwn hi, a'i gwarchod.

Mympwy hen wraig sy'n gyfrifol am ddefnyddio'r 'K' yn Kandy a Khartoum. Gwn yn iawn fy mod yn anghyson, ond nid yw Candi a Kandy yr un lle i mi — mympwy noeth, mi wn!

HARLECH
Chwefror, 1984

AMBOSELI

Fel y mae Shangri-La i rai pobl, felly y mae Amboseli i mi —
'ynys werdd' y dychymyg, henllys breuddwydion, man
cyntefig lle gellir encilio a chnoi cil ymhell o 'sŵn y boen sy' yn
y byd', ac o bawb ar wyneb y ddaear, i Idi Amin a'i stranciau y
mae'r diolch am imi gael mynd yno. Dilyn hynt yr Afon Neil
oedd pwrpas y daith — tarddiad Neil Wen yn Uganda, a
Neil Las yn Ethiopia, gweld y ddwy yn cyfarfod yn y Swdân, a
llifo'n gref trwy wlad yr Aifft i Fôr y Canoldir. Dyna be' fyddai
siwrne i'w chofio, siwrne â chysylltiadau yn mynd yn bell, bell
yn ôl yn hanes y ddynoliaeth, ond rhoddodd castiau annynol
Amin, a'i syniad uchelgeisiol megolamanaidd hergwd i'n
cynlluniau. Gwrthododd roi caniatâd inni adael y maes-glanio
yn Entebbe. Yn wyneb y gwaharddiad, rhyfedd oedd gweld
UGANDA WELCOMES YOU mewn llythrennau breision
uwchben y dollfa, mor rhyfedd nes imi godi fy nghamera a'i
glicio. Gyda lwc a bendith nid oeddwn wedi troi'r sbŵl i'r
darlun nesa', ac yn y llun gwelir swyddog busneslyd yn anelu
amdanaf. Gafaelodd yn y camera, ond rywsut medrais ei
berswadio nad oeddwn wedi tynnu llun, a chefais fy hebrwng
i'r dollfa a'm siarsio i aros yno. Mynnai'r Celt ynof fod hyn yn
gychwyn drwg i'r daith yn enwedig cychwyn trwy ddweud
celwydd! Mynnai'r gweddill ei bod yn argoeli'n dda, gan nad
oeddwn wedi colli'r camera, na chael fy nhaflu i garchar! Yn wir
'doedd yna fawr o hwyl arnom er i'r Cwmni Teithio drefnu
saffari inni gael gweld anifeiliaid gwylltion yn eu cynefin, dyheu
am Raeadr Murchison a syllu ar yr afon yn ei hyrddio ei hun
trwy fwlch prin ddeuddeg troedfedd o led yr oeddem ni. Nid

oedd gennym gymaint â hynny i'w ddweud wrth anifeiliaid gwylltion. Onid oedd gennym gof o chwysu gyda to ar ôl to o blant ysgol yn Sŵ Caer, a Whipsnade, a Regents Park. Saffari, wir!

Ond fel yna 'roedd hi, a ffwrdd â ni i Nairobi, prifddinas Kenya, ar ein ffordd i ryw le o'r enw Amboseli. Mor hardd yr edrychai'r ddinas yn ei gwisg o flodau — *bougainvillea* wrth gwrs, yn pistyllio dros y muriau, *oleander, ceanothus, hibiscus, plumbago,* a'r *flamboya,* a hefyd y *brunfelsia.* Deuthum ar draws enw anwes y *brunfelsia* yn Brasil flynyddoedd yn ôl sef, 'Ddoe, Heddiw ac Yfory' oherwydd fod y blodau glas yn troi'n biws gwan ac yna'n wyn, a'r tri lliw i'w gweld yr un pryd. Wrth anadlu'r peraroglau teimlais y buasai'n well o lawer gennyf aros yn Nairobi ymhlith y blodau, na mynd ar fy hyll i ryw jyngl anwaraidd.

Ond mynd oedd raid. Cawsom ein rhannu yn dri grŵp a'n gosod mewn tri cherbyd a'r rheiny wedi eu haddurno efo rhesi du a gwyn fel sebra. Nid wyf fi'n hoffi cael fy hysio yma ac acw chwaith, ond 'doedd gen i ddim dewis. Mbilo oedd enw ein gyrrwr, clamp o ddyn rhadlon, yn siarad Swahili fel 'dwn i ddim be', nes cofio mai llwyth o 'anwariaid' oedd ganddo, ac ymdrechu i ddangos ei wlad inni mewn Saesneg byw. 'Roedd ganddo hefyd y ddawn i fod yn ddistaw, a gadael inni fwynhau'r golygfeydd, oherwydd yn fuan iawn 'roeddem yn teithio trwy wlad mor wahanol, nes ei bod yn dal ar fy ngwynt. I rywun gafodd ei magu yng nghanol bryniau mân Maldwyn, 'roedd ehangder y ffurfafen yn anhygoel, y tir o liw'r mêl, a'r pridd o liw'r oren, y coed acesia, a gweld y coed drain mor osgeiddig, palmwydd o bob math, a lliwiau'r cysgodion — paham fod rhai yn ddu, eraill yn frown, eraill wedyn yn biws — a'r cymylau claerwyn yn hwylio'n hamddenol mewn ffurfafen o lesni gwefreiddiol.

Aros am goffi — gwesty mewn gardd, blodau ym mhobman, lawntiau gwyrddion, nant yn rhedeg drwy'r coed, nythod y gwehyddion (*weaver birds*) yn crogi fel sanau bach o'r brigau, a'r adar wrthi'n brysur yn dal i adeiladu. Ymddengys bod pob aderyn yn gwehyddu pump neu chwech o nythod, defnyddio un, a gadael y lleill yn wag i dwyllo'r nadredd!

Dyna stori Mbilo, beth bynnag.

Erbyn hyn 'roeddwn i'n dechrau anghofio Rhaeadr Murchison. Wedi teithio cryn bellter, dyma gyrraedd man agored, lle gwastad yn ymestyn tua'r gorwel, a Mbilo yn egluro mai hwn yw Llyn Amboseli. Rheswm annwyl, llyn heb ddŵr? Ie, wedi sychu ar adegau ond, llyn serch hynny, sy'n gallu amrywio yn ei faint o fod yn fach iawn i fod yn un mawr, gymaint â deugain milltir sgwâr. 'Roedd ei lawr yn ddigon cadarn i ddal ein cerbyd ni, ac, am y tro cynta', gwelsom olion traed pob math o greaduriaid. Nid oedd angen i neb ddweud ein bod bellach yn agosáu at y Warchodfa Natur. Edrych i lawr â'n trwynau ar y ddaear yn trio dehongli'r olion oeddem pan waeddodd Mbilo 'Edrychwch!' A dyna lle'r oedd y môr ar y gorwel, y tonnau'n trochioni, pobl yn cerdded ar y rhodfa, palmwydd a'r gwynt yn siglo'u canghennau — môr lle nad oedd gynt ond pellter. Ond rhith (*mirage*) oedd o, yr haul yn chwarae triciau efo traeth Mombasa, tre' glan-y-môr Kenya. Mae'r math yma o rith yn gyffredin mewn gwres mawr — yn enwedig mewn anialwch — rhith sydd wedi arwain llawer teithiwr i'w dranc — y truan yn gweld gwerddon a gwaredigaeth wrth law, a dim byd yno ond tywod cras. Ni feddyliais yn fy myw y buaswn yn cael gweld y fath olygfa ac, erbyn hyn, nid oedd fawr o bwys gennyf a fuaswn yn gweld yr un anifail. Yr oeddwn uwchben fy nigon. Ni wyddwn fod un rhyfeddod arall yn disgwyl amdanaf, ac ni ddywedodd Mbilo air o'i ben.

O'r diwedd, dyma gyrraedd y gwesty sydd wedi ei drefnu ar gyfer teithwyr, fel ni — neuadd fwyta, lolfa ac ati dan un to, a bythynnod yma ac acw i gysgu ynddynt, pob un yn breifat gyda bath a thoiled yn ogystal â gwely. I fynd yno rhaid oedd croesi lawnt eang, a dyna pryd y gwelais i o, a chael fy rhwydo a'm swyno am byth — Mynydd Kilimanjaro, lan fry yn yr awyr, y mynydd uchaf ar gyfandir Affrica, 19,563 o droedfeddi. Meddyliwch am yr Wyddfa a dychmygwch chwech ohoni, un ar ben y llall, a dyna rhyw amcan o uchder y mynydd hwn.

Twmplen o fynydd ydi o ac er ei fod yn ymyl y cyhydedd, mae ei gopa yn glaerwyn drwy'r flwyddyn. Nid yw'n aruthr ac yn ddychryn fel rhai mynyddoedd; yn wir, o gymryd digon o amser i gynefino â'r uchder a'r aer denau gellir cerdded i'w gopa.

Ar y cyffiniau rhwng Tanzania a Kenya y saif Kilimanjaro. Dywedir i'r Frenhines Victoria roi'r mynydd i'w nai Kaiser Wilhelm *'because the dear boy is so fond of mountains'*, ac fe symudwyd y ffin — ffin Tanganyika yr adeg honno — i gynnwys y mynydd! Wel, wir! Yno, y mae — ymhell wedi i Wilhelm wneud traed moch o bethau — yn anferth, yn solat, ac yn dragwyddol, yn codi uwchben y cymylau, ac yn derbyn ein gwrogaeth ni, ddynionach. Gan ein bod ni'n gorfod codi'n blygeiniol iawn i weld yr anifeiliaid ar eu gorau, cawsom y fraint fawr o weld y wawr yn gwrido'r eira ar y copa — eira llwydaidd y tywyllwch yn troi'n eira pinc y rhosyn — gallwn ddeall yn iawn yr ysfa mewn pobl gyntefig i syrthio i lawr a'i addoli. Onid oedd fel magned yn gwrthod gadael i mi droi fy nghefn arno? Lliwiau'r wawr, lliwiau'r machlud, tes ganol dydd neu lewyrch y disgleirder, 'roedd ysblander a mawredd Kilimanjaro yn brofiad nas anghofiaf byth.

Do, do, fe gawsom weld anifeiliaid o bob math, gan fod Mbilo yn giamstar am ddod o hyd iddynt yn eu cynefin, a'n tywys ni o fewn cyffyrddiad â llewod, eliffantod ac anifeiliaid niferus y gwyllt oedd o'n cwmpas, a ninnau yn berffaith ddiogel yn y cerbyd.

Syr Julian Huxley ddywedodd fod gweld creaduriaid mawr yn byw'n naturiol ac yn ddi-ofn yn eu cynefin yn un o brofiadau cyffrous ac ysgytwol yr hen fyd yma, ac y mae'n cymharu'r profiad i weld darlun godidog neu glywed symffoni wych. Erbyn hyn, diolch byth, mae gwarchodaeth yn cael y sylw dyladwy. Golyga hyn nid yn unig cadw'r potsier draw, sy'n hela a lladd er mwyn gwneud elw o'r crwyn, a sydd hyd yn oed heddiw yn wyneb pob gwaharddiad, yn lladd eliffantod i werthu'r ifori; mae'n golygu gwarchod rhag gelyn arall, sef tân, allai ddifa aceri lawer, ac wrth gwrs rhag gorboblogi ymysg yr anifeiliaid eu hunain, rhag iddynt ddifrodi'r porthiant a'r bwyd naturiol.

Caf f'atgoffa o'r eliffant a welsom yn gwarchod corff ei gymar — pa un ai wedi ei ladd neu wedi marw'n naturiol, 'dwn i ddim, ond 'roedd ei hysgithrau wedi diflannu. Digon cymysglyd oedd Mbilo yn adrodd ei hanes. Ymddengys bod ei chymar yn sefyll uwch ei phen ers bron i fis yn cadw'r anifeiliaid eraill a'r fwlturiaid ysglyfaethus draw, a dyna lle'r oedd o bob hyn a hyn yn tynnu ei drwnc dros ei chorff chwyddedig yn gariadus. Daeth dagrau i'm llygaid wrth weld y fath ffyddlondeb mewn creadur 'direswm'(?).

Nid oeddwn yn adnabod yr adar o gwmpas Amboseli ar wahân i'r hen fwlturiaid oedd fel Angau ei hun, yn gwylied eu cyfle, a'r *oxpeckers* bach oedd yn byw yn fras ar y chwain oedd yn eu tro yn byw ar gefnau'r *buffalo* a'r *kudu*. Nid oeddwn chwaith yn adnabod y gwahanol fathau o bili pala fyddai'n disgyn fel cawod o liw ar y llwyni. Rhyfeddodau ym mhobman a minnau'n anwybodus yn eu canol.

Dychwelem i'r gwesty ac i olwg y mynydd bob min nos. A chan ein bod yn weddol agos at y cyhydedd, byddai'n tywyllu'n gynnar, ond yn dal yn gynnes braf. Bob min nos byddai rhywun yn cynnau anferth o dân mewn lle pwrpasol ar y lawnt — cysgodid ef gan wal hanner cylch, a gosod stolion o'i gwmpas. Y noson gyntaf 'roedd yn chwith gennym am gwmni o Gymry a fuasai yn sicr wedi dechrau canu'n dawel yng ngolau'r lloer. Ond erbyn yr ail noson 'roeddwn i'n gwerthfawrogi'r tawelwch hwn, oedd yn wahanol i bob tawelwch — rhyw gyffro yn yr awel, a siffrwd yn y llwyni, ambell grawc, ambell wich, ambell besychiad cras, ac eira Kilimanjaro yn disgleirio'n oer yng ngoleuni cosyn crwn o leuad, a'r cyfan yn codi gwallt pen.

Dywedir bod gan Amboseli fwy o amrywiaeth mewn anifeiliaid na'r un warchodfa ar gyfandir Affrica, yn wir, mae yna si ar led fod yr anifeiliaid yn fwy pwysig na'r brodorion yn y Parc. Ar y llaw arall, mae hwn yn arbrawf arbennig iawn gan fod llawer o'r gofal yn nwylo'r brodorion, sef y Masai. 'Roedd cenedlaethau ohonynt wedi eu magu dan yr argraff fod popeth ar y tir yn eiddo iddynt hwy. Gwŷr catel oeddynt â balchder neilltuol mewn magu gwartheg a graen arnynt, a phan fyddai prinder porfa, onid oedd digon yn y Warchodfa! Cymerodd amser i ddatblygu dealltwriaeth a gwerthfawrogiad ac yn wir i sylweddoli'r pwysigrwydd o warchod treftadaeth. Erbyn hyn maent yn ymddiriedolwyr dros y ddynoliaeth. Maent yn gwneud yn ardderchog, ac yn cael canmoliaeth uchel.

Buom yn ymweld ag un o bentrefi'r Masai, pentre' i lawr yn yr Hollt Fawr. Gwelsom lawer o'r dynion o gwmpas y wlad yn dal ac yn denau, yn cerdded fel duwiau, ac yn ymddangos yn ffroenuchel. Yn y pentre' maent yn trigo mewn bythynnod o laid — cymysgfa o glai a thail, y rheiny'n ymddangos yn dywyll ac afiach. Y tu allan i un eisteddai gwraig ar y llawr, ei choesau a'i breichiau wedi eu gorchuddio â breichledau metel tebyg i arian, mwclis cymhleth yn rhesi am ei gwddf, a'r clust-dlysau mwyaf a welais erioed — cylchoedd anferth wedi eu sodro trwy dop ei chlustiau. Dyna oedd y ffasiwn! Ychydig iawn o ddillad oedd ganddi amdani — ychydig oedd gan yr un ohonynt yn wŷr a gwragedd — rhyw grysbais wedi ei glymu dros un ysgwydd o ddefnydd yr un lliw â'r clai melyngoch maent yn ei ddefnyddio i'w rwbio i'w crwyn ac i'w gwallt. Maent yn hoff o laeth wedi ei geulo â gwaed, gwaed y gwartheg, fel rheol; gallant dynnu dogn o wythïen mor hawdd â godro.

Daeth y gwŷr ifanc ynghyd i ddawnsio, dawnsfeydd ffurfiol efo gwaywffyn, yn cynnwys martsio a neidio'n syth i fyny. 'Roedd hi'n ddoniol gweld ambell grwt bach yn eu dilyn ac yn trio eu dynwared. Yna pan ddaeth tro y gwŷr canol oed symudodd y rhai ifainc i eistedd yn ein mysg ni'r dyrfa, a daeth un 'ceiliog' i'm hochr i, a chyn imi allu troi cefais hylltod o binsied yn fy mraich! Cariad? Casineb? Dim byd mor ddramatig! Mae'n debyg mai'r unig reswm oedd y rhyfeddod o weld braich merch heb yr holl freichledau! Cleisiau coch oedd fy nghleisiau gan fod bysedd y gŵr bonheddig wedi eu coluro â'r clai hwnnw ac fe gymerodd ddyddiau imi ei sgwrio i ffwrdd.

Mae disgrifio ein gwawr olaf yn Amboseli y tu hwnt i'm gallu. Drysau fel drysau stabl oedd i'n bythynnod bach, hynny yw, 'roedd yn bosibl agor yr hanner uchaf yn unig a chael golygfa o'r mynydd wrth bwyso ar yr hanner isaf, a minnau'n teimlo fel pe bawn yn gweld y wawr gyntaf a fu erioed. Dyna yw Amboseli i mi, y man lle cefais yr ymdeimlad fy mod yn rhan o'r greadigaeth, yn 'perthyn' ac wrth fy modd.

ASWÂN

Pedair A — Afon, Argae, Abu Simbel ac Aswân. Yr afon, wrth gwrs, yw Afon Neil, afon sydd wedi rhwydo a ffaglu fy nychymyg ers blynyddoedd lawer. Gwelais un rhan ohoni — Neil Las, yn cychwyn ar ei thaith i Fôr y Canoldir yn Ethiopia bell. Edrychai'n weddol ddiniwed yn llifo allan o Lyn Tana yn ymyl Bahar Dar, cyn ei hyrddio ei hun yn wallgof dros Tississat. Gwelais hi wedyn yn rhuthro dan bont Shafartak yn yr Hollt Fawr, yn afon swnllyd, barablus, beryglus, yn lloches i grocodeiliaid a'i glannau yn noddfa i'r Shifta, y lladron-pen-ffordd.

Yn y Swdân bu raid iddi gydlifo â'i chwaer, Neil Wen, honno yn dawel ddigyffro, ond y berw yn dal yn y Las, a'r ddwy i'w gweld ochr yn ochr. Yng Nghairo wedyn 'roedd iddi brysurdeb traffordd a'r mynd a'r dod cyson yn ddigon i fwydro unrhyw un. Ond yma, yn Aswân, 'roedd gobaith i lusgo dwylo drwyddi wrth ei chroesi yn ôl a 'mlaen, a phrofi mai dŵr oedd hi fel pob afon arall — oherwydd mae hi'n afon arbennig iawn. Canys yr afon hon *yw* Gwlad yr Aifft, ei thir yn anrheg gan yr afon. Oni bai amdani, diffaith ac anial fyddai'r tir ffrwythlon ar ei glannau. Hyd yn oed heddiw, er bod i'r wlad hyd o 600 milltir, nid yw ar gyfartaledd ddim mwy na saith milltir o led, sef lled y llifogydd. Y llifogydd hyn sy'n cario llwythi o'r pridd gorau yn y byd, medd rhai, a'i ollwng i lawr ar y gwastadedd. Nid yn unig 'roedd hyn yn llythrennol yn creu tir ffrwythlon, ond cafodd effaith ar ddatblygiad y trigolion. Yn rhwydd a di-ffws byddai'r afon yn arbed gwaith i filoedd o ddynion, canys wedi i'r dyfroedd gilio y cwbl oedd ei angen i gael cnwd da oedd gwasgaru hadau ar y pridd, a gadael y gweddill i'r haul. Ond yr hyn sy'n gyfrifol am eu diwylliant, yn ôl y gwybodusion, yw'r ffaith fod y llifogydd yn amrywio — weithiau ni ddeuai'r cawodydd cyhydeddol dros Fôr India, i chwyddo'r afon, dro arall, byddai cymaint o ddŵr nes boddi'r pentrefi, y cnydau a'r anifeiliaid. Dros y canrifoedd dysgodd yr Eifftiaid astudio'r llifogydd a'u cysylltu â rhai agweddau ar y sêr, a hyn yn arwain ymhen amser at seryddiaeth a chreu calendr. Mae'n un o storïau mwyaf gwefreiddiol y ddynoliaeth ond nid dyma'r lle i'w hadrodd.

Fel ym mhob gwlad, 'roedd yno ddoethion yn chwilio am atebion i lawer cwestiwn dyrys. Deallai'r rhain mai dros dro yr oedd bywyd ar y ddaear a bod gofyn gofalu am y dyfodol, a dyma greu Osiris, y duw mawr, oedd yn rheoli bywyd a marwolaeth. Ar un adeg bu cymaint o drafod ar farwolaeth nes i'r Eifftiaid droi'r holl ddyffryn yn fath o gysegr i'r meirw. Credent y byddai ar yr enaid angen y corff yn y byd a ddaw, a dyma chwilio am ffyrdd i'w gadw rhag pydru. Wedyn datblygwyd y syniad o droi'r beddrod yn gartref, a'i ddodrefnu'n addas, a gofalu am fwyd, a hyd yn oed offerynnau cerdd ynddo. Adeiladwyd temlau i'r duwiau, cymaint ohonynt, fel yr ymddangosai fod gan bob tylwyth ei dduw ei hun — llawer ar ffurf anifail, neu aderyn — hebog, eliffant, obis, cath, gafr ac ati. Yn raddol, datblygodd y rhain i fod ar ffurf dynol, er 'roedd rhai priodoleddau yn parhau megis pig aderyn, trwyn anifail, cyrn neu glustiau.

Edrychai'r wlad yn braf a thawel wrth hedfan i Aswân y bore hwnnw, er fy mod i'n dal yng nghrafangau'r arswyd a'm goddi-weddodd yn Nyffryn y Brenhinoedd, ac a gododd wallt fy mhen yn y temlau anferth yn Karnak a Luxor. Y Kalabsha oedd ein gwesty — gwesty modern nad oedd yn gweddu i hen westy'r byddigions islaw'r ffordd. Ond mae'n debyg y buaswn wedi gweld rhagor o 'ysbrydion' yng ngwesty'r Cataract, a da oedd cael mynd i weld y Sadd-el-Aali, yr Argae Uchel, i sobri dipyn, er bod 'ysbrydion' yn y fan honno hefyd. Ymgais i ffrwyno dyfroedd Afon Neil er lles y trigolion yw'r argae.

21

Mae'n anferth. Mae'n ddwy filltir o led ac yn 365 troedfedd o uchder. Mae ei sylfaen yn 3,125 troedfedd o drwch, ac y mae'n rheoli llif y dŵr ac yn carcharu'r gweddill — hynny yw, Llyn Nasser — sydd erbyn heddiw yn dri chan milltir o hyd. Fe gostiodd fwy na biliwn o ddoleri — fe gostiodd fwy, canys collodd cannoedd o bobl Nubia eu cartrefi i wneud lle i'r llyn, ac er i'r awdurdodau ofalu am gartrefi newydd iddynt, diflannodd eu ffordd arbennig o fyw.

Ond ymddengys ei fod yn werthfawr dros ben i'r Aifft canys enillwyd miliwn o aceri trwy ddyfrhau cyson. Gellir hefyd ddyfrhau 670,000 acer oedd gynt yn dibynnu ar y llifogydd, trwy gydol y flwyddyn. Mae Llyn Nasser hefyd wedi hwyluso llongau i fordwyo i lawr i gyfeiriad y de, heblaw ehangu cylch gorsafoedd trydan. Ar y llaw arall, clywaf nad yw'r ecolegwyr yn rhy hapus gan fod y cydbwysedd oedd yn bodoli cynt wedi ei andwyo.

Mae'r argae mor bwysig fel ei fod yn cael ei warchod ddydd a nos. Cawsom ninnau ein harchwilio, a gorfu i bawb adael eu camerâu yr ochr draw. 'Roedd yr olygfa yn werth ei gweld, ond yng nghanol yr holl ebychu a rhyfeddu o 'nghwmpas, llynnoedd Efyrnwy, Clywedog a Thryweryn wedi eu amlhau gannoedd o weithiau oeddwn i'n ei weld — a chan nad oes gennyf ddiddordeb mewn peirianneg, nac yn deall dim arno, treuliais yr amser yn syllu ar yr anialwch tywodlyd, ac yn meddwl am y cartrefi a'r pentrefi a foddwyd — pobl garedig a'u croeso'n ddihareb, er bod eu bywyd yn llwm a chaled.

Yn yr hen ddyddiau safai rhan helaeth o'r dre' hon ar Ynys yr Eliffant yng nghanol yr afon. 'Roedd yma dollborth bwysig a marchnata prysur mewn aur, plu estrys a chrwyn ac, wrth gwrs, cedwid gwarchodlu rhag ysbeilwyr. Gyda'r dirywiad a ddaeth yn sgîl marw'r Pharaoh olaf daeth Aswân yn llai pwysig ond, erbyn heddiw, gan mai hi yw'r gyntaf i fanteisio ar holl fendithion yr argae, mae'n prysur ddatblygu'n dre' ddiwydiannol. I ymwelwyr yr adeg brysuraf yw'r gaeaf, digonedd o heulwen a'r aer yn sych, i'r dim i'r rhai sy'n dioddef o anhwylderau ar y frest — hwy oedd llawer o'r byddigions fyddai'n aros yng ngwesty'r Cataract i osgoi'r niwl a'r oerni ym Mhrydain.

Yn Luxor treuliais amser yn syllu ar y machlud y tu draw i'r afon. Er bod yr haul yn diflannu'n sydyn, deil yr awyr ar dân, a'r coed yn ddu loywddu yn erbyn y coch a'r lliw oren, a'r afon fel sidan yn llithro'n ddi-hid heibio. Felly 'roedd hi yma, hefyd, ond bod yna fwy o greigiau yn y dŵr.

Cawsom fore braf i groesi Afon Neil mewn *felucca*, y cychod un-hwyl sy'n gwibio i fyny ac i lawr ac yn groes, fel haid o wylanod. Maent yn troi a throsi'n ysgafn yn ôl yr awel, dim sŵn, ond hyfrydwch pur — ffordd ledrithiol i hwylio. 'Roedd cymaint o bobl yn mwynhau'r hwylio y bore hwn nes i ryw werthwr hetiau weld ei gyfle a glanio ar gwch yn cario polyn o hetiau fel ffrwythau ar gangen. Gan fod y tymheredd yn codi a'r haul eisoes yn llachar, daeth chwant hetan wen gotwm ar lawer ohonom, a dyna lle'r oedd y marsiandïwr yn neidio'n wisgi o un cwch i'r llall, a 'mynd' ar ei nwyddau nes iddo gael cam gwag a syrthio i'r dŵr, a ninnau i gyd yn chwerthin ein hochrau, yn teimlo gollyngdod hapus wedi syfrdandod y temlau a'r beddrodau yn Luxor.

Aeth y rhan fwyaf o'n parti ni allan i ddringo'r llwybr llychlyd i weld bedd yr Aga Khan. Ond 'doedd o'n golygu dim i mi. Canmil gwell oedd cael eistedd yn dawel mewn *felucca*, rhoi 'nwylo yn y dŵr, a sylweddoli fy mod ar Afon Neil, a gwerthfawrogi'r ffaith fod y dyfroedd hyn wedi dod o Lyn Tana yn Ethiopia, neu hwyrach o Uganda sy'n bellach fyth. Cofio i Haile Selassie, ar ei ffordd yn ôl i Ethiopia, wedi ei alltudiaeth adeg y Rhyfel, aros yn Wadi Halfa yn y Swdân, ar lan yr afon hon, a chodi un llond dyrnaid ar ôl y llall o'i dŵr, a dweud dan deimlad, 'Dŵr fy ngwlad'.

Dyma'r afon a welodd filoedd o flynyddoedd o hanes. Crwydriaid oedd dynion nes iddynt ddod o hyd i'r afon hon. 'Doedd dim angen crwydro wedyn gan fod hon yn cyflenwi eu hanghenion a dyna ddechrau sefydlogi a rhaid wrth sefydlogrwydd i gael gwareiddiad. Beth oedd yr Aga Khan i mi o'i gymharu â'r cyfle hwn i gnoi cil?

23

Mynd oddi yno i'r Ardd Lysieuol ar Ynys Kitchener sy'n codi'n serth o'r afon. Yma 'doedd dim angen het i grwydro'n hamddenol dan y coed hyfryd, neu eistedd yn ddioglyd ar y seddau i ddotio ar y blodau neu i wrando ar hen gono yn canu ffidil un tant. 'Roedd hi'n arallfydol yma, hefyd, ond yn haws i mi ddygymod â hi na'r temlau. Yn wir, 'roeddem wedi ymdroi cyhyd nes inni brin gyffwrdd Ynys yr Eliffant.

Wedi'r pryd bwyd aethpwyd â ni i weld rhai o'r chwareli ithfaen coch sydd yn y cyffiniau. Dyma'r graig y naddwyd y Colossi, yr obelisgiau a'r cofgolofnau ohoni. Yma gwelsom yr obelisg anferth sydd ddim ond wedi hanner ei naddu o'r graig. Mae bron gan troedfedd o hyd ac yn un troedfedd ar ddeg o led yn ei fôn. Prin iawn yw'r hanes amdano, a 'dŵyr neb ddim paham bu i'r gweithwyr ei adael ar y canol. Mae'n digwydd bod yna arysgrifen yn Luxor yn datgan fod y Frenhines Hatshepsut yn bwriadu codi'r obelisg mwyaf yn y byd er clod iddi hi ei hun. Yn sicr, hwn fyddai'r mwyaf yng Ngwlad yr Aifft.

Drannoeth, am unwaith, 'doedd neb yn cwyno wrth glywed llais plygeiniol y Muezzin yn galw'r ffyddlon i weddi yn y mosg gerllaw, oherwydd hwn oedd diwrnod Abu Simbel. 'Roeddem eisoes wedi gweld Philae 'Perl y Neil', y deml i Isis, sydd erbyn hyn wedi cael ei 'hachub' a'i hailgodi ar Ynys Agilkia, ond yr adeg honno 'roedd â'i hanner dan y dŵr. Ond mae'r wyrth wedi ei chyflawni ar Abu Simbel a Rameses II yn ddiogel yn ei gartre' newydd a Nefertari'r frenhines, hithau hefyd yn cael ei theml ei hun uwchlaw dyfroedd Llyn Nasser.

Hedfan yno yn un o awyrennau Egyptair, yr hedfa yn cymryd fawr o amser, a thaith mewn bws wedyn. I rywun fel fi sydd wedi arfer â gweirgloddiau Maldwyn, mae'n anodd credu bod y fath anialwch mor agos at y rhimyn cul o wyrddlesni ar lannau'r afon — a rhywle yng nghanol y diffeithwch tywodlyd yma 'roedd Abu Simbel.

Mae, neu 'roedd, dwy deml wedi eu naddu allan o'r graig ar lan Afon Neil, dwy deml oedd wedi goroesi dros dair mil o flynyddoedd, ac ar fin cael eu boddi gan ddyfroedd Llyn Nasser. Mae hanes y symud yn destun llyfr erbyn hyn, a dim rhyfedd gan iddi fod yn dasg anferth. Ac anferth yw'r gair iawn, gan fod maintioli'r cerfluniau yn ddigon i syfrdanu unrhyw un. Nid yw adrodd rhifau'r troedfeddi yn hanner cyfleu eu maint. Mae'r pedwar cerflun o'r duw-frenin Rameses — dau o bobty'r fynedfa, yn eistedd, pob un yr un ffunud â'i gilydd, ac uchder bob un yn 67 troedfedd. Pan gofier mai wyth troedfedd oedd to ystafell mewn tŷ cyngor i fod ers talwm, mae'n rhoi rhyw syniad o'u maint. Mae corff y deml yn y graig, ac oddi mewn y mae cerfluniau sy'n 30 troedfedd ac yn y cysegr ym mhen draw'r ogof y mae un arall o Rameses yn eistedd rhwng dau dduw, Re-Harakhti ac Amun. 'Roedd meddwl am symud y rhain, heb sôn am greu craig i ailgodi'r deml yn fenter aruthrol. Ond yno y maent wedi eu symud yn ddarnau, pob darn yn pwyso 30 tunnell ac yn edrych yn hollol gartrefol, y darluniau ar y muriau, a'r nenfwd fel ag yr oeddynt. Yr hyn sy'n rhyfeddod i mi yw i'r deml gael ei hailosod i'r dim, fel bod pelydr cynta' haul y bore ddwywaith y flwyddyn yn treiddio fel saeth 200 troedfedd i'r cysegr ac yn goreuro cerflun Rameses, a bod hyn wedi digwydd am dros dair mil o flynyddoedd.

Mae teml Nefertari yn llai, ond yma hefyd mae Rameses wedi mynnu cael cerfluniau ohono ef bob ochr iddi hi — dau o Nefertari, a phedwar o Rameses! 'Rwy'n siŵr ei bod hi'n annwyl, ac yn ei hanner addoli. Beth fuasai o wedi ei wneud o Hatshepsut, tybed, a oedd cystal â'r un dyn! 'Roedd eu gweld, a sylweddoli medr a gallu'r Eifftiaid yn yr hen hen amser, yn ogystal â medr a gallu dynion heddiw yn f'ysgytio, a dyna'r gwir.

Hwyrach mai'r anrheg gorau roddodd Aswân inni oedd cweryl! Ie, cweryl rhwng swyddogion trafnidiaeth ac Egyptair, gyda'r canlyniad inni orfod cymryd y trên i Luxor, yn hytrach na hedfan i Cairo. Golygai hyn godi am bump o'r gloch y bore, a chychwyn heb baned na thamed. Ond hen drên y byddigions yn Hwngari oedd hwn, gyda chadeiriau mawr esmwyth a ffenestri llydan — a thrwy'r ffenestri hyn cawsom weld bywyd y wlad fel ag y bu ar hyd y blynyddoedd — yr olwynion dŵr yn dyfrhau, y merched yn eu dillad duon yn y caeau, y gwŷr, yn eu

gwyn, yn cynaeafu ac yn nithio, camelod ac asynnod dan eu
pwn, a holl weithgareddau'r tir — darluniau byw gwell na'r un
ffilm a welwyd erioed. Dyna beth oedd anrheg!

Rhaid i mi gyfarwyddo â'r ysbrydion yna, i gael dychwelyd
eto.

BAHÏA

Salvador yw enw'r ddinas ar y map, ond Bahïa yw'r hen enw, ac y mae'n dal yn Bahïa i'r trigolion, nid yn unig yn Brasil, ond mor bell i ffwrdd â Buenos Aires. Mae'n well gennyf innau Bahïa, am fod sawl Salvador ar y cyfandir, a ph'run bynnag 'rwy'n hoffi sŵn y gair. 'Hud enwau a phellter' fel y canodd y bardd T. H. Parry-Williams. Hwyrach. Pwy a ŵyr paham y mae'r gair yn hudo?

Hon yw'r ddinas gyntaf a adeiladwyd gan y Portiwgeaid yn eu hymdrech i wladychu Brasil. Hyn yn y flwyddyn 1549. Saif ar Fae yr Holl Saint — bae anferth, digon o le i angori holl longau'r byd, yn ôl y trigolion. Adeiladwyd y ddinas, yn y lle cyntaf, fel gwrthglawdd rhag y Sbaenwyr, y Ffrancwyr a'r Iseldirwyr, ei hadeiladu yn y fan a'r lle am fod y tir yn codi'n syth o'r môr ac yn gwneud amddiffynfa naturiol. Ar y lefel isaf y mae'r banciau, y siopau mawrion, holl fyd masnach ac, wrth gwrs, y dociau. Yma, gellir sefyllian a syllu ar y Cidade Alta, y ddinas ar y bryn, a'r ddwy fel ei gilydd yn gymysgfa ryfedd o'r hen a'r modern.

O'r flwyddyn 1500 hyd 1815 Bahïa oedd porthladd prysuraf y wlad, yn allforio siwgr o'r gogledd-ddwyrain, ac aur a diemwntau o'r de. 'Roedd hi'n oes aur, hefyd, ac fe adeiladwyd cartrefi gwych, ac eglwysi godidog — rhai eglwysi heb eu hail drwy'r byd. Sut bobl sydd yn trigo yma heddiw? Rhaid oedd glanio i gael gwybod.

'Welodd neb erioed, yn ein tyb ni, donnau mor sbeitlyd â'r rhai ym Mae yr Holl Saint y bore hwnnw. Cychod oedd yn mynd â ni i'r lan, a bu raid i ambell un ddychwelyd i'r llong.

Wrth lwc, nid oedd y siwrne'n faith. Newydd inni lanio, cawsom ein dal mewn anferth o gawod, ac fel pob glaw trofannol 'roedd y dŵr sy'n tasgu i fyny o'r ffordd yn ein gwlychu gymaint â'r dŵr o'r cymylau a hwnnw'n pistyllio fel o grwc. Mewn stryd o swyddfeydd yr oeddem, a dyma ruthro i mewn drwy'r drws cyntaf — pencadlys y Bwrdd Croeso — lle hynod o chwaethus gyda darluniau orielaidd eu naws ar y muriau, a dynion trwsiadus hawddgar y tu ôl i'r desgiau, a phob man ag ôl sglein arno. Cawsom gadeiriau a mapiau ac addewid y byddai'r haul yn tywynnu ymhen dim, a diwrnod hynod o braf ar y gorwel. 'Roedd yn anodd credu'r fath osodiad cellweirus, ond 'roedd ein cyfarfod cyntaf â'r trigolion yn un hapus; byddai'n haws dygymod â'r glaw gyda phobl mor barod eu cymwynas.

Ac yna'n sydyn, fel pe bai rhywun wedi cau'r tap, dyma'r haul allan, nid yn rhyw felyn diniwed, ond yn ei anterth. Yn wir, 'roedd hi'n anodd credu yn y fath wyrth. Mewn chwinc 'roedd pob man wedi newid, a'r bobl garedig yn ein cyfeirio i'r farchnad — lle iawn i ddod atom ein hunain.

Marchnad eang ar ddeulawr oedd hon, yn llawn o stondinau lliwgar — crefftau o bob math — coed, crwyn, lledr, arian, gemwaith — ogof Aladdin o le, ond yr hyn aeth â 'mryd i oedd yr 'hamog' mwyaf cywrain a welais erioed, ond nid yw'n dda i ddim heb ddwy goeden yn yr ardd! 'Roedd hi'n gyfle gwych i adnabod pobl oherwydd yr arferiad cydnabyddedig yw bargeinio am bopeth. Ond gyda'r Alta a'i drysorau'n galw a'r haul yn tywynnu, cawsom nerth i wrthsefyll temtasiwn, a mynd allan i gyfeiriad y lifft sy'n codi'n gyson o'r gwaelod i'r Alta. Y tu allan i'r graig serth y mae'r lifft ac y mae yna fynd a dod di-baid i fyny ac i lawr.

'Roedd dod allan ohono i'r sgwâr uwchben yn dangos ar unwaith ein bod mewn byd gwahanol iawn. Gwisgai pawb yn weddus ac yr oedd graen ar yr adeiladau, a'r awyrgylch yn fwy hamddenol.

Mae Bahïa yn ddinas o eglwysi, un am bob dydd o'r flwyddyn, meddir, ond yn ôl y llyfr taith, cant chwe deg a phump yw'r rhif swyddogol. Diolch i'r Gymdeithas Hanes a Threftadaeth mae cadw, gwarchod ac adfer yr adeiladau yn cael y gofal mwyaf, dipyn o dasg oherwydd mae yn y ddinas hon 97,000 o adeiladau pwysig, 20,000 wedi eu codi cyn y flwyddyn 1700.

Rhag rhestru rhibidires o ryfeddodau, bodlonaf ar sôn am Eglwys Cwfaint Sant Ffransis, un o'r rhai harddaf yn y byd, yn ôl y trigolion. Dysgodd y Brasiliaid y grefft o addurno efo aur yn gynnar iawn, ac y mae'r eglwysi yn dangos hynny, yn enwedig yr eglwys hon. Ym mhob cornel a chornelyn ohoni y mae gwaith cerfiedig, a hwnnw wedi ei oreuro ag aur. 'Roedd mor hardd a chain nes bod llawer yn fodlon treulio'r diwrnod yno. Ynghlwm wrth yr eglwys y mae'r fynachlog. Nid oes caniatâd i ferch fynd yno, ond trwy'r fynedfa o haearn gyr gwelsom ran o'r clwysty â'i furiau wedi eu haddurno â theils glas arbennig iawn. Mae'r Brodyr hyn, Brodyr Urdd Sant Ffransis, yn paratoi tri phryd twym i'r tlodion bob dydd o'r flwyddyn.

Pabyddion yw rhan helaeth o'r boblogaeth, ond mae *voodoo* yn dal mewn bri hefyd.

Daeth *voodoo* yma yn sgîl caethwasiaeth ac, fel y gwyddom, elw oedd wrth wraidd caethwasiaeth — llafur rhad i gynhyrchu cnydau o siwgr, coffi ac ati. Ar un adeg adwaenid Bahïa fel 'Rhufain Ddu' oherwydd amlder a gwychder ei heglwysi. Ond, erbyn heddiw, yn wyneb poblogrwydd y traddodiad Affricanaidd yn grefyddol, yn gerddorol, a hyd yn oed mewn bwyd, mae yna fwy o fri yn cael ei roddi ar gyfraniad y caethweision i Brasil. Yn wir, gwahoddir ymwelwyr i fynychu rhai o seremonïau *voodoo* neu'r *candomblé* (yr enw a roddir ar yr holl gredoau). Mae yna bobl ddeallus ac ysgolheigion yn astudio'r seremonïau i bwyso a mesur eu gwerthoedd artistig yn ogystal â'u gwerthoedd crefyddol. Mae'r gwŷr hyn yn ffromi wrth feddwl am ymwelwyr yn mynd yno i lygadrythu ac i gael eu diddanu fel mewn Noson Lawen. Canys y mae'r aelodau o ddifri'. Ar un adeg 'roedd yr Eglwys yn llym ei barn yn erbyn y 'credoau paganaidd' hyn, ond erbyn heddiw mae llawer ohonynt yn darganfod gwerth yn y *candomblé*, gwerth yn y cyfathrebu, yn y golygfeydd, y miwsig, a'r fytholeg.

'Rwyf innau'n gweld gwerth yn y cysur oedd, a sydd, i'w gael yn y gwasanaethau — ond mae'r defodau'n fy nychryn a rhyw ofn cyntefig yn codi gwallt fy mhen — yn enwedig cymhelliad taer y drymiau. Gallaf ymateb yn syth i olygfeydd naturiol ein planed ac ymhyfrydu ynddynt, 'rwy'n dotio ar bopeth gweladwy yn y gofod hefyd, ond yn wyneb rhywbeth sydd y tu hwnt i'm rhesymeg a'm dirnadaeth bitw, y mae fy synnwyr cyffredin yn chwalu, ac ofn a dychryn yn rheoli.

Yn ystod y gwasanaeth bydd y dawnswyr yn eu dillad gwynion yn colli arnynt eu hunain yn lân ac yn mynd i lesmair. 'Does yna ddim byd ffug yn hyn — maent mewn *trance* neu'n cael eu meddiannu gan ysbryd y gwahanol dduwiau (Oxumare, Oxala, Yemanja, Xango ayb.). Gall unigolion fynd atynt i drafod eu problemau, byddant yn cael atebion pendant ac yn gweithredu arnynt. Yn eu tyb hwy mae'r duwiau'n gyfiawn, ac yn gwrando arnynt, a byddant bron bob tro yn fodlon ar yr atebion.

Yn Rio y gwelir un o'r golygfeydd mwyaf paganaidd yn America Ladin. Bob Nos Galan bydd miloedd o ddilynwyr *voodoo* yn ymgynnull ar draeth Copacabana i dalu gwrogaeth i Jemanja, duwies y môr, gan ddwyn blodau, canhwyllau ac anrhegion. Mae'n seremoni fawr, ond digon dweud y bydd pawb yn rhuthro i'r môr (ar hanner nos) gyda'u hanrhegion a'u dyheadau am y flwyddyn sydd i ddod. Dywedir, 'medden nhw' fod y tonnau'n ymchwyddo ac yn cludo'r anrhegion a'r offrymau i'r dwfn. Mae'n anodd credu.

Mae gen i gof o sefyll wrth erchwyn y llong *Arlanza* flynyddoedd yn ôl, a gweld merch ar y cei (un wahanol iawn i ferch Syr T. H. Parry-Williams). 'Roedd hon wedi ei gwisgo'n chwaethus, yn dal, a gosgeiddig ac yn cario llond ei chôl o rosynnau coch tywyll — mae'n siŵr fod yna hanner cant ohonynt. Cerddodd yn araf at ymyl y cei a'u taflu yn un tusw mawr melfed i'r dŵr a heb hyd yn oed syllu arnynt, trodd ar ei sawdl a mynd. Ai defod? Ai ymbil? Ai siom a dicter? Tybed?

Yn y Largo do Pelourinho, wele lwyfan ar un ochr i'r stryd lle bu miloedd lawer o gaethweision yn cael eu gwerthu. Yn yr amgueddfeydd gwelir llawer o greiriau ac arfau oedd yn cael eu defnyddio i boenydio'r trueiniaid, dyn a ŵyr 'roedd arnynt angen eu crefydd eu hunain i'w cysuro yn eu trybini a'u trallod.

Mae'n werth mynd i sawl amgueddfa i weld y crochenwaith, y lês, y gwydrau a'r doliau wedi eu gwisgo yn y gwahanol wisgoedd traddodiadol yn ogystal â phennau lladron-pen-ffordd wedi eu piclo!

Fel arfer, byddem yn mynd i dai bwyta gweddol gyffredin er mwyn cyfarfod y bobl leol a chael sgwrs, ond os y gwyddem ymlaen llaw fod yna dlodion, byddem yn cael pecyn o frech-danau o'r llong, bwyta un, a rhannu'r gweddill efo plant neu hen wreigan — cyfle arall i dynnu sgwrs. Dyna wnaethom y tro hwn, wedi clywed bod Brodyr Urdd Sant Ffransis yn paratoi bwyd i'r tlodion bob dydd. Ni wyddem b'le i ddod o hyd i sedd, a 'doedd dim i'w wneud ond eistedd ar y grisiau yng nghysgod colofnau un o'r adeiladau yn Sgwâr Praca da Se — mwynhau ein tamaid a rhoi'r gweddill i'r plant llygatddu ddaeth yno o rywle — rhoi'r orennau oedd i fod i'n disychedu iddynt hefyd. Camgymeriad, oherwydd newydd ddod o amgueddfa yr oeddem, a gallaf eich sicrhau nad oes dim yn fwy tebyg o godi syched ar ddyn na gweld pennau lladron wedi'u piclo! Ffwrdd â ni i chwilio am baned o goffi neu de lemwn. Methu pasio siop â llond ei ffenestr o boteli diodydd. Rhaid mai rhyw fath o dafarn oedd hi, oherwydd dynion yn unig oedd yna. 'Doedd wiw troi'n ôl, felly trwy ystum cefais botel o sudd oren. Cododd y perchennog y cap a sychu ceg y botel â'i law a'i rhoi i mi. Ond hen ferch gysetlyd ydw i, a syched neu beidio 'doedd gen i ddim ffansi rhywsut. Sefais yn stond gan ddisgwyl cael gwelltyn. Ni ddeallodd ond dywedodd un o'r dynion rhywbeth wrtho, estynnodd yntau wydryn digon di-liw yr olwg. Ysgydwais fy mhen, a dyma fo'n chwythu arno, a rhoi rhwb iddo efo'i ffedog. Wel! Wel! Fy mhroblem oedd sut i ddisgrifio gwelltyn heb wneud sŵn fel pe bawn yn gofyn am gusan. 'Roedd pawb yn gwrando erbyn hyn a thrwy lwc a bendith deallodd un arall o'r cwsmeriaid a dyma estyn gwelltyn o rywle dan y cownter. Oedd, mi oedd gen i gywilydd braidd, ond nid anghofiaf foneddigeiddrwydd naturiol y dynion — neb yn chwerthin, nac yn gwawdio rhywun oedd yn edrych yn ddigon hurt ac od a phawb yn barod i helpu. Mae anallu i gyfathrebu yn yfflon o beth!

Aethom i weld y Brifysgol wedyn, a chael y porth ynghau, a thwr o bobl wedi ymgynnull ar y sgwâr cyfagos. Ai myfyrwyr? 'Dwn i ddim. Cyn bo hir, wele dyrfa ddigon parchus yn closio at ei gilydd a siaradwr yn traethu o risiau cofgolofn. 'Doedd dim posib deall ai cyfarfod protest neu gyfarfod gwleidyddol oedd hwn — ond 'roedd yna lawer o ebychu, ac ychydig o gymeradwyaeth — a minnau'n deall yr un gair!

Rhaid bod y trigolion yn ymwybodol iawn o'u cefndir gan fod gwaith adfer yr hen strydoedd a'r hen dai i'w weld ym mhobman. Ym mhob ystyr mae'r ddinas yn werth ei gweld, ac 'rwy'n sôn am y strydoedd lle mae'r tai'n lluniaidd gyda balconïau hyfryd a lliwiau pastel yma ac acw. Wrth gwrs mae llawer o'r strydoedd yn serth, ac wedi eu palmantu — hyn yn gofyn am esgidiau fflat i'w tramwyo. Tybed faint o storïau fu'n llechu y tu ôl i'r muriau, gan gofio'n enwedig sawl canrif aeth heibio. Dyma stôr o gyfoeth nid yn unig i haneswyr ond i nofelwyr — bywyd y gwladychwyr a'r ymgyfoethogi — a bywyd y caethweision, eu hiraeth a'u poenedigaeth. Dywedir bod dylanwad Affricanaidd i'w weld ar y bwyd o hyd — *vatape* (pysgod a chorgimychiaid wedi eu coginio mewn llaeth cnau coco), *sarava* (ffa duon a chorgimychiaid), *sarapatel* (porc wedi ei stiwio hefo lemwn), *caruru* (tafod efo corgimychiaid a nionod). Iaith Portiwgal yw'r iaith, ond er fy mod wedi mwynhau popeth a welais ac yn awchus am weld mwy, 'roeddwn i'n ymwybodol iawn fy mod mewn gwlad ddieithr, hyd yn oed yn y siopau; dieithr i mi, oedd y gemwaith — yn ddigon i dynnu dŵr o ddannedd unrhyw un, ond yn wahanol. Ein danfon i'r farchnad wnaeth prisiau'r dillad, a hyfryd oedd edrych i lawr o ben y graig a gweld fod y môr wedi tawelu.

Hoffais Bahïa, ceinder yr Alta, a phrysurdeb glan y môr,

hoffais y trigolion, eu boneddigeiddrwydd a'r caredigrwydd parod, ond 'roedd rhywbeth yn fy mhoeni — ysbrydion yr hen gaethweision? 'Roeddwn yn ymwybodol iawn o'r arteithio, a'r dioddef mud, a'r caledi a gelciodd y fath gyfoeth i'r tirfeddian-wyr a'r masnachwyr. Neu hwyrach fy mod yn ormod o Hen Gorff i blesio duwiau'r *candomblé*?

KANDY

Kandy, meddir, yw calon Sri Lanka, yr ynys sydd yn edrych ar y map fel gellygen i'r de o'r India. Dyma Taprobane y Groegiaid a'r Rhufeiniaid, Serendip i forwyr Arabia yn nyddiau Sinbad, Ceilao i'r Portiwgeaid, Ceylon i'r Prydeinwyr, ond i'r brodorion un enw yn unig sydd iddi, sef Sri Lanka — enw sy'n mynd yn ôl i niwloedd hanes, pan ddaeth Ravana, y brenin chwedlonol, a'r ferch brydferth Sita, i'r ynys. A phan ddaeth ymreolaeth 'doedd yna ddim ond un enw wnâi'r tro. Dyma ynys arall gafodd ei galw yn baradwys, ac ar yr wyneb mae'n ymddangos felly. Yn sicr mae Natur ar ei gorau arni. 'Roedd ganddi apêl arall i mi — mae'n ddwyieithog, fel Cymru. Mae'r boblogaeth un ai yn Sinhali neu'n Tamil, ond sylwais fod llawer yn eu galw eu hunain yn Lankan. Dan yr wyneb, fodd bynnag, mae arddel gwreiddiau yn dal yn bwysig.

O'r India y daeth y Sinhaliaid ymhell cyn co'. Gwyddom hefyd fod cenhadon Bwda o ogledd India yn ymweld â'r ynys dair canrif cyn Crist. Dyma'r eglurhad ar eu crefydd, eu hiaith, Pali, a'r llythrennau Brahmi. O dde'r India y daeth y Tamil, a Hindŵ oedd eu crefydd. Felly dyna raniad sy'n parhau hyd heddiw. Rhyfeddod, medd rhywun, oedd imi weld bws yn Kandy — bws dwyieithog, a'r Pali a'r Tamil arno. Gan nad oeddwn yn deall y sgript 'wyddwn i ddim pa un oedd p'run.

Bob yn dipyn datblygwyd llawer cysylltiad ag Asia a masnachu cyson gydag Arabiaid a Moslemiaid. Rhaid oedd aros tan y bymthegfed ganrif cyn i'r Portiwgeaid lanio ac allforio'r sinamon oedd yn tyfu'n wyllt ar yr ynys. Dyna pryd y daeth Colombo yn bwysig. Dylanwadwyd ar drigolion y gwastadeddau, a daeth llawer ohonynt yn Gristnogion, a dyna wahaniaeth eto rhwng Sinhaliaid y gwastadedd a Sinhaliaid teyrnas Kandy a oedd yn benderfynol o gadw eu hannibyniaeth, eu crefydd, a'u gwerthoedd traddodiadol. A dyna fel y bu hi tan fu'r Brenin farw ym 1597.

Yn yr ail ganrif ar bymtheg daeth yr Iseldirwyr i'r ynys, ac erbyn 1658 'roedd milwyr Portiwgal wedi mynd. Yn hytrach na gadael i Natur ofalu am gynnyrch y tir, dyma gychwyn planhigfeydd o sinamon, coffi, pupur, siwgr, a thybaco, a daeth graen ar y masnachu ar y gwastadeddau, ond dal yn annibynnol wnaeth Kandy.

Ym 1802 daeth y Prydeinwyr yno, ond ni chafwyd goruchafiaeth ar Kandy tan y flwyddyn 1818, pryd yr unwyd yr ynys dan un gweinyddiad am y tro cyntaf ers mil o flynyddoedd, er mai estroniaid oedd wrth y llyw. Dyma pryd y dechreuwyd tyfu te fel menter fasnachol, gan ddefnyddio'r gwastadeddau a'r ucheldir. Yna tua diwedd y bedwaredd ganrif ar bymtheg fe welwyd yr angen am rwber, a dyma'r Prydeinwyr yn neilltuo parthau helaeth o'r tir i drin planhigfeydd. Nid oedd y Sinhaliaid fodd bynnag yn barod i lafurio am gyflogau pitw, felly trefnwyd pentrefi ar y stadau i'r Tamiliaid i fyw, a gweithio dan oruchwylwyr Prydeinig. Erbyn hyn 'roedd crefydd, iaith a gwaith yn eu gwahanu.

1948 oedd y flwyddyn pan ddaeth Ceylon yn Sri Lanka, ac er ei fod yn cymryd amser, mae yna rhyw gymaint o gyfannu wedi digwydd, ond mae'r hen gecru dan yr wyneb o hyd. Mae crefydd y Sinhaliaid yn mynnu eu bod hwy wedi eu hethol i amddiffyn crefydd Bwda, a bod Sri Lanka yn fangre sanctaidd. Gelynion i'r syniad hwn oedd y Tamiliaid, ac maent yn meithrin teimladau drwg yn eu herbyn. Ar y llaw arall nid yw'r Tamiliaid yn cyd-weld â pholisi iaith y Sinhaliaid. Eu gobaith pennaf yw arweiniad pwyllog gan yr arlywydd.

Dyna'r cefndir. Paradwys o ynys? Mynnodd un llysgennad ar ei ffordd i'r Dwyrain, nad oedd ond cant ac ugain o filltiroedd o Ceylon i Baradwys, a bod tincial y dyfroedd sy'n llifo o raeadrau'r gwynfyd i'w glywed yma! Wel, mae yma sŵn dyfroedd lawer, am y rheswm fod yr ynys yn fynyddig, ei bod yn y trofannau, ac ar lwybr y monsŵn. Ond, yn wir, mae yma rhywbeth sy'n ei gwneud yn wahanol i bob ynys baradwysaidd y gwn i amdani — y mae'n perarogli, yn llythrennol felly. Ond rhaid imi ddechrau yn y dechrau.

Cawsom lanio, ben bore yn Colombo, ond nid oedd gennyf chwant aros yn y brifddinas. Yr oedd arnaf eisiau gweld y wlad, a'r mynyddoedd a Kandy, ac yn wir, 'roedd amryw ohonom o'r un farn. Rhaid oedd mynd mewn trên, rhywbeth amheuthun i rai oedd eisoes wedi treulio tri mis ar long. Cawsom ddisgrifiad o'r golygfeydd oedd yn disgwyl amdanom, ond soniodd neb am y trên.

Glanio ar y cei oedd yn ymddangos yn ddigon llwydaidd a llychlyd. Tybed a ddylem fod wedi ymuno â'r wibdaith hon? Hwyrach y dylem fod wedi anelu at y traethau? Yna, o rywle, daeth parti mewn gwisgoedd traddodiadol i ddawnsio eu croeso. Dawnsio gosgeiddig, ond y llwch yn codi. Cerdded drwy'r annibendod i'r orsaf — a dyna lle'r oedd y trên. Trên Siapaneaidd, trên Hitachi yn sgleinio o'i gorun i'w gynffon — cadeiriau esmwyth yn swiflo yn ôl y galw, byrddau a ffenestri anferth, drysau'r coridor yn agor heb eu cyffwrdd a phob man fel pin mewn papur. Taith o ddeuddeg milltir a thrigain oedd hi, yn dringo o lefel y môr hyd at fil chwe chant o droedfeddi. A'r fath olygfeydd! Gwyrddlesni trwchus, blodau o bob lliw a llun, llwyni te fel llwyni llus, ond eu bod yn dalach, sinamon, pupur, *cloves*, nytmeg, *papava*, sunsur, *citronella*, coco, tybaco, coffi, a'r awyr ei hun yn fyw o berarogl, plant yn chwarae yn y nentydd, gwragedd yn golchi dillad, ychen yn tynnu llwythi, a mynd a dod ym mhobman. Rywsut mae tlodi yng nghanol y wlad yn fwy derbyniol na thlodi yn y dref er na ddylai fod.

Wedi'r fath wledd, 'doeddwn i ddim yn disgwyl bonws ychwanegol cyn cyrraedd Kandy; ond dyna ddigwyddodd. Aethpwyd â ni i weld Gerddi Peradeniya, a gynlluniwyd ym 1371 i blesio'r brenin. Mae yma gant pedwar deg saith o aceri yn edrych dros Mahaweli Ganga, yr afon a roddodd yr enw brodorol ar y Pum Brenhiniaeth ar y Bryn, sef Kandy. Yma gwelir yr holl blanhigion sy'n gynhenid i'r ynys, gan gynnwys yr *orchids* harddaf a welais erioed, rhesi o goed, rhaffau o flodau dringo, a gogoniant blodau'r trofannau yn un ffrwydriad o liw a phersawr, fel ein bod yn cyrraedd Kandy o'r diwedd yn benysgafn a chwil wedi'r holl brydferthwch.

Fel y gerddi, mae'r dre' bron wedi ei hamgylchynu gan Mahaweli Ganga — afon hwyaf Sri Lanka, fel bod ganddi yn yr hen amser amddiffynfa naturiol — nid cael ei choncro, ond cael ei throsglwyddo i'r Prydeinwyr oedd hanes Kandy. Ond mae gan y dre' amddiffynfa arall, hefyd, amddiffynfa ysbrydol, oherwydd yn y deml y mae cysegr Dant Sanctaidd yr Arglwydd Bwda, a hyn yn ei gwneud yn fangre gysegredig. Gelwir y deml yn 'Deml y Dant' ac yma y daw pererinion a thwristiaid o bell ac agos, yn enwedig i'r *Esala Perehara* — y pasiant sy'n cael ei gynnal am ddeng niwrnod cyn lleuad lawn Gorffennaf/Awst.

Dygwyd y Dant i Sri Lanka bymtheg canrif yn ôl. Mae'r pasiant yn unigryw ac yn chwarae rhan bwysig yn nathliadau'r flwyddyn grefyddol. Copi o'r Dant yn unig sy'n cael ei roi mewn blwch gwerthfawr a'i gario ar gefn eliffant, a hwnnw wedi ei orchuddio â sidan yn pefrio o feini gwerthfawr a'i sgithrau wedi eu gwisgo â menig o aur. Dywedir nad oes olygfa debyg i hon yn y byd i gyd, oherwydd pan ddaw'r eliffant allan o'r deml, yno yn disgwyl amdano, mae dwy res o eliffantod — hwythau hefyd wedi eu haddurno'n odidog, pob un yn penlinio tra mae'r Dant yn cael ei gludo heibio, a'r miloedd pobl yn cyffwrdd bysedd un llaw wrth y llall, ac yn dweud '*Sadhu!* – *Sadhu!* – *Sadhu!*' a'r eliffantod i gyd yn gorymdeithio'n urddasol drwy'r dre', gyda'r addurniadau yn fflachio a sgleinio'n hudolus yn y goleuadau amryliw. Yn yr orymdaith gwelir y penaethiaid hwythau wedi eu gwisgo mewn dillad seremonïol, ynghyd â'r drymwyr a'r dawnswyr yn eu gwisgoedd traddodiadol, y cwbl yn ychwanegu at bwysigrwydd y dathliad, yn gynnwrf ac yn wledd i'r llygad.

Ymddangosai'r deml ei hun fel teml o bren arbennig a hwnnw wedi ei gerfio. Mae'r llyfrgell wyth-onglog yn gwarchod llawysgrifau amhrisiadwy. Dywedir bod y deml yn tanlinellu delweddau yr Arglwydd Bwda a'i bod yn syml a phlaen o fwriad, a bod cynildeb addurniadau yn rhan o'i hynodrwydd, a rhaid cyfaddef fod yna arbenigrwydd yn perthyn iddi. O'i hamgylch mae ffos yn llawn o bysgod egsotig, y rhain hefyd yn cyfrannu at y dirgelwch sy'n perthyn iddi.

'Roeddem ninnau wedi deall erbyn hyn fod yr eliffant yn chwarae rhan bwysig ym mywyd yr ynys, a chawsom ein tywys i lan yr afon i'w gweld yn ymdrochi. Mae'r golchi hwn yn ddefod sydd i'w gweld bob dydd. Mae'r creaduriaid mawr sy'n edrych mor drwsgl wrth gael eu harwain i lawr y llwybr i'r dŵr, yn gorwedd ynddo wrth eu bodd, a phob gofalwr yn sgwrio ei anifail yn ofalus. Maent hyd yn oed yn glanhau eu dannedd. Pan ddywed y gofalwr 'Dheri, udheri' mae'r hen greadur doeth yn llenwi ei drwnc â dŵr ac yn ei dasgu dros ei gefn.

Ond fe andwywyd y seremoni i mi, drwy i ddyn a'i ferch fach ymddangos yn ein mysg â dwy neidr fawr dew am eu gyddfau — dwy neidr fyw! Fûm i erioed mor agos at un. 'Chymerodd hi fawr o amser i mi neidio i'r bws!

'Roedd arnom ni, ferched, eisiau gweld y gemau sydd yn cael eu hallforio o'r ynys arbennig hon. Yn ôl yr hen stori, pan laniodd Sinbad y Morwr ar Sri Lanka yn yr Oesoedd Canol gwelodd fod yr arwynebedd wedi ei orchuddio â gemau, a bod diemwntau yn yr afonydd a pherlau yn y dyffrynnoedd. Boed hynny fel y bo, yn siopau Kandy wele saffir, emrallt, rhuddem a'r cwbl yn rhesymol eu pris yn ôl y gwybodusion — *topaz, garnet, moonstone* — 'roeddynt yno i gyd yn pefrio eu temtasiwn, ond nid oes gan athrawes sy'n hoffi teithio fodd i brynu gemau, ac nid oedd hyn yn boendod i'r gwerthwyr gan fod Hong Kong, Siapan a'r Swistir yn llawn o brynwyr parod, a Sri Lanka yn allforio dros bedwar ugain y cant o'r cyfanswm gemau iddynt hwy.

Ond 'roedd te yn fater arall — yn werth ei brynu. Amcangyfrifir bod o leiaf ddwy filiwn o'r trigolion yn dibynnu'n gyfan gwbl ar y fasnach de am eu bywoliaeth. Golyga safle daearyddol Sri Lanka, nid yn unig y gallant gynaeafu'r dail bob mis o'r flwyddyn, ond y gellir tyfu'r llwyni ar wahanol lefelau o uchder, i fyny hyd at 2,250m. Merched sy'n hel y dail — fel rheol dim ond y ddwy ddeilen ar fin pob brigyn. 'Roeddynt i'w gweld yn rhesi lliwgar ar y llechweddau. Wedi eu cludo i'r ffatrïoedd caiff y dail eu crino ar *tats*, sef silffoedd o rwydau sy'n gadael i awyr boeth chwythu drwyddynt. Mae'r crino yma yn meddalu'r dail, proses hollbwysig os am de o ansawdd da. Yna maent yn cael eu rholio a'u gadael i eplesu cyn eu crasu mewn ffwrn. Mae yna, wrth gwrs, wahanol raddau o de, dail hir, dail llydan crwn, dail bach melyn, ac enwau sy'n swnio'n farddonol arnynt i gyd.

Onid yw'n bechod bod cymaint o dlodi yng nghanol yr holl gyfoeth? Masnach yn ffynnu ar draul y bobl gyffredin. Te, sbeis, cnau coco, gemau, allforion gwerthfawr i gyd, ni ddylai tlodi fod yn broblem ar ynys fel hon.

Ffarwelio â Kandy a hithau yn edrych fel gem yn disgleirio o gwmpas glesni'r llyn. Dod i lawr o'r ucheldir drwy'r gwyrddlesni hudol, anadlu'r persawr lledrithiol, gweld y plant yn cadw riat yn y nentydd, cofio'r hen hen hanes, a'i chael hi'n anodd credu nad oeddwn wedi treulio diwrnod mewn rhyw werddon nad yw'n bod.

KHARTOUM

Ni freuddwydiais erioed y buaswn yn cael mynd i'r Swdân.
Yn wir, nid oedd gennyf chwant mynd yno. 'Wyddwn i fawr
am y wlad, ar wahân i dipyn o hanes Gordon — Gordon, fel
dyn, yn hytrach na chadfridog yn helyntion Lloegr. Eisiau
mynd i Ethiopia oedd arnaf i, ac er mwyn hwyluso'r daith
honno 'roedd yn rhaid ymuno â gŵyr busnes a oedd yn mynd i
Khartoum. A chan nad wyf yn gwrthod cyfle i deithio, felly y
bu. Hedfan yno o Asmara yr oeddem ni wedi ffarwelio ag
Ethiopia, ac yn edrych ymlaen at gael mynd i'r Aifft, a
Khartoum yn rhyw fath o wastraff amser ar y ffordd.
Diffeithwch oedd odditanom — môr o dywod heb arwydd o
ddyn nac anifail. Nid traethau euraid fel rhai Cymru chwaith,
ond rhai orengoch, yn sicr nid rhai i folaheulo arnynt, gan mor
galed a chrasboeth yr edrychent.
Cyn bo hir, daeth afon i'r golwg. Neil? Ie, ond pa un? Ai Neil
Wen ynteu'r Las, canys gwyddem fod y ddwy yn cwrdd yng
nghyffiniau Khartoum, cyn llifo'n un afon gref i gyfeiriad yr
Aifft a Môr y Canoldir. 'Neil Wen yw honna,' meddai rhywun
mwy gwybodus na'r gweddill ohonom. 'Ond sut y gwyddoch
chi?' holais. 'Wedi'r cwbl dŵr yw dŵr ac afon yw afon.' 'Am ei
bod yn llifo'n hamddenol,' meddai, 'mae'r Las yn byrlymu'n
nwydus.' Wrth gwrs, dylwn fod wedi cofio mor wyllt oedd hi
yn Ethiopia. 'Roedd Neil Wen wedi teithio'n bellach — o Lyn
Victoria, yn Uganda, a llifo trwy filltiroedd o dir gwastad a
chael ei harafu gan aceri lawer o siglennydd *papyrus*. Cofiais
weld y *papyrus* am y tro cyntaf yn Syracuse a'i weld mor hardd
gyda'i ddail ysgafn. Ond yma, mae'n bla, yn tyfu'n wyllt ac yn

tagu'r afon. Dywedir ei fod yn cau am y llongau sy'n gorfod gwthio drwyddo fel trwy furiau carchar, ond mae'n dal i dewychu. Dyma fel y mae hi yn y Sud a fu'n gymaint o rwystr i drafnidiaeth ar hyd y canrifoedd. O fynyddoedd Ethiopia y daw Neil Las, gyda'r fath gyflymder; 'does gan yr un planhigyn gyfle i wreiddio ynddi. A dyna ryfeddod oedd gweld y ddwy yn cwrdd, yn cydlifo, ond heb gymysgu eu dyfroedd, y Wen a'r Las i'w gweld ochr yn ochr!

Sôn am wres! 'Roedd mynd i lawr o'r awyren fel cerdded i ffwrn. Yn wir, ni fuaswn wedi synnu gweld tafodau tân yn llamu o'n cwmpas. 'Roedd hi'n clecian o boeth, a cherdded i'r dollfa fel cerdded trwy wres solet. Aeth pawb yn fud — o sioc, am wn i, methu credu ei bod yn boethach yma na hyd yn oed ym mhenrhyn Tighe ar Lyn Tana, yn boethach na chyffiniau Masawa ar y Môr Coch. Ond, o leiaf, 'roedd yna ddŵr yn y llyn a'r môr, ac mae gweld dŵr yn gysur, ond yma 'roeddem yng nghanol yr anialwch. Ond 'roedd gwaeth i ddod. Oherwydd i ladron-pen-ffordd ddwyn tystysgrifau iechyd dau o'n ffrindiau ac, er iddynt gael un cyfansawdd gan feddyg arall, gwrthodwyd caniatâd iddynt adael y maes glanio — gwrthod yn bendant, a dyna ni yn y gwres llethol yn methu symud, mewn gwlad ddieithr. Ychydig iawn a wyddem amdani na'i phobl, ar wahân i'r ffaith fod saethu a llofruddio wedi dychryn y llysgenhadon ychydig wythnosau'n ôl, ac erbyn hyn yn ein dychryn ni. Nid oedd gennym syniad beth i'w wneud. Rhwng teimlo'n llipa a diymadferth, yn sychedig a chwyslyd, dyma ni wyneb yn wyneb â sefyllfa ddieithr, sefyllfa oedd yn rhaid ei datrys, doed a ddelo. 'Doedd dim bai ar y swyddogion, onid oedd deddf gwlad yn mynnu bod pob teithiwr yn rhydd o glefydau fel y frech wen, colera, a'r clefyd melyn? Gallai'r heintiau hyn ddifa miloedd o'r boblogaeth. O'r diwedd cafwyd gwybodaeth 'oddi fry' yn dweud y dylid chwistrellu'r ddau eto yn y fan a'r lle. Druan ohonynt, tri chwistrelliad, un ar ôl y llall, a hwythau eisoes wedi cael tri! Ond, yn y man, gyda'r ddau yn edrych yn ddigon gwantan, cawsom ein heidio i fws, a'n cario trwy faesdref o dai hyfryd i westy'r Grand yn y dref. 'Fu erioed enw mwy addas ar westy. Yr oedd yn 'grand', ond 'grand' yn ôl safon yr oes o'r blaen — adeilad mawr, cwrt o'i flaen, a dim ond y ffordd a rhodfa dan y coed rhyngddo a'r afon. Dyna un peth oedd yn fy mhlesio'n fawr — cael bod mor agos at Afon Neil. Oddi mewn 'roedd hi'n dal yn boeth er bod yna wyntyll fawr fel propelor awyren yn y nenfwd, yn chwifio hynny o aer oedd ar gael ond, wrth gwrs, aer twym oedd hwnnw. Nid agor ffenestri i gael aer oeddynt yma, ond eu cau i gadw'r gwres allan!

'Roedd sioc arall yn disgwyl amdanom wrth y ddesg gofrestru. Cawsom orchymyn i lenwi un ffurflen ar ddeg a'u llofnodi. Hyn yn adlodd i alanas y saethu, a phob adran weinyddol yn mynnu copi — a ninnau wedi ymlâdd cyn dechrau, ond clercio oedd raid.

Nid wyf yn debyg o anghofio'r noson honno, gan imi gael fy ngoddiweddyd gan rhyw waeledd dychrynllyd ond daeth hyd yn oed hwnnw â phrofiad i'w gofio yn ei sgîl. Drannoeth 'roeddwn yn rhy wan i godi fy mhen oddi ar y gobennydd, ac yn dechrau pwyso a mesur a oedd yn werth mynd â'm corff yn ôl i Gymru, ac yn amau tybed a oedd gweinidog o'r Hen Gorff yn Khartoum! Daeth y glanhawr i mewn — Arab, o ba lwyth, 'dwn i ddim. Safodd wrth ymyl y gwely yn ei wisg wen, ystumiais innau i egluro fy mod yn wael ac aeth o gwmpas ei waith, yn tacluso a glanhau. Hwyrach imi gysgu, ond deuthum ataf fy hun yn clywed llais uwch fy mhen, a dyna lle'r oedd o â'i lygaid ynghau yn gweddïo, a'r gair 'Allah' i'w glywed o bryd i'w gilydd. Nid oedd gennyf yr amcan lleiaf beth oedd 'diolch' yn ei iaith, ond mentrais ddweud 'Salaam'. Daeth gwên hyfryd i'w wyneb, ac allan â fo. Cysgais innau gan deimlo'n ddiogel yng nghadernid ffydd yr Arab hwn, a'i barodrwydd i'm derbyn i gylch ei weddi.

Nid oeddwn wedi dewis dod i'r Swdân, ond gan fy mod yma 'doeddwn i ddim am dreulio f'amser yn y gwely, nac yn y gwesty chwaith. Rhaid oedd codi a mentro allan, a chan mai dim ond croesi'r ffordd oedd angen i gyrraedd y rhodfa dan y coed, dyma fynd. 'Roedd hi'n anodd credu fod y fath wres mewn bod! Mynd o gam i gam yn ddigon simsan yr oeddwn, gan ymlwybro rhwng y dynion oedd yn cysgu ar lawr dan y coed, a throi'n ôl fu raid. A chan nad oedd ein parti wedi dychwelyd o'u pererindota i dalu gwrogaeth i Gordon, eisteddais yn y lolfa yn yfed sudd lemwn a dŵr soda. Dyna pryd y cefais gwmni rhyw swyddog yn cymryd yn ganiataol mai Saesnes oeddwn yn sychedu am glywed hanes Gordon, ac am y tro cyntaf yn fy mywyd nid oedd gennyf yr ynni i'w ddadrithio.

I ddweud y gwir, digon niwlog oedd fy ngwybodaeth, er imi rywdro gael gafael ar y ffaith mai yr anallu i gyfathrebu oedd ei fan gwan, ac nad oedd wedi trafferthu i ddysgu'r iaith ac, o'r herwydd, nad oedd yn deall y brodorion. (Wrth gwrs, mae hyn yn bwnc llosg inni, Gymry!)

Synnodd y gŵr fod gennyf ddiddordeb yn yr ochr yna i'w gymeriad. Ond ychwanegodd nad allai ddarllen nac ysgrifennu Arabeg, ac er ei fod yn ŵr o gymeriad cryf, ac yn Gristion da, nid oedd yn deall safonau moesegol, na phenboethni Islâm.

Dechreuais gymryd diddordeb yn ei stori, nes iddi ddatblygu'n hunllef — 'doedd dim taw ar y dyn. Gwelaf y munud yma ei ddannedd gwyn gwyn a'i lygaid brown yn fflachio. Credaf, erbyn hyn, fod ganddo ddwy stori, un yn gorganmol y cadfridog i blesio'r Prydeinwyr a'r llall, i rywun fel fi, oedd yn ddigon glastwraidd ynglŷn â'r hanes. Ond yn y bôn, dyn y Mahdi oedd hwn, ac yr oedd yn hawdd gweld fod Muhammed Ahmad — gwneuthurwr cychod, a ddaeth yn arweinydd, yr arweinydd al Mahdi al Muntazir, meseia, yn ymladd yn erbyn llwgrwobrwyo a phydredd swyddogion yr Aifft, ac yn erbyn Gordon, yr anghrediniwr, a ddifethodd eu masnach mewn caethweision — yn un o'i arwyr.

Nid oedd yn fodlon cyfaddef fod Gordon wedi rhoi terfyn ar y cweirio didrugaredd yn y carchardai, ac ysgafnhau'r trethi llym, a llosgi cofnodion o ddyled a hyd yn oed ryddhau carcharorion. Syrthiodd ei wep wrth sylweddoli fy mod i'n dechrau canmol y cadfridog, a rhuthrodd i ddweud fod mantell y proffwyd ar ysgwyddau'r Mahdi, a bod pobl hyd yn oed yn yfed ei ddŵr ymolchi i gael gwellhad o'u hanwylderau. Erbyn hyn, gwibiai fy llygaid o gwmpas yn chwilio am waredigaeth, ond dioddef fu raid, hyd yn oed hanes y diwedd erchyll — y Mahdi yn gwersylla oddi amgylch y ddinas ac, yn gwybod o brofiad nad oedd ond angen amynedd arno, y buasai amser yn gofalu newynu'r trigolion. Cyn y diwedd 'roedd pob anifail — mulod, cŵn, mwncïod, a hyd yn oed llygod mawr — wedi eu lladd a'u bwyta. 'Roedd dawn y cyfarwydd, heb os nac oni bai, gan y sgweiar, oherwydd 'roeddwn i'n gweld y meirw'n gorwedd yn blith drafflith ar y strydoedd a'r byw yn rhy wan i'w claddu. 'Roeddwn i'n gweld hanner can mil o Arabiaid yn cripio dros yr amddiffynfeydd liw nos, gan ladd yn lloerig bob un, yn wŷr, gwragedd a phlant, Gordon yn cael ei drywanu i farwolaeth, ei ddienyddio a'i ben yn cael ei osod ar frigyn i bawb ei felltithio a thaflu cerrig ato.

'Rwy'n cywilyddio braidd nad oedd gennyf unrhyw ddiddordeb yn y gŵr hwn, nes clywed y stori gan — heddiw nid wyf hyd yn oed yn cofio ei enw! Mae yna rywbeth mewn bod yn y fan a'r lle, a chael cip y tu ôl i'r llenni, megis. Erbyn heddiw, credaf pe bai Gordon yn Fohamedan, y byddai'n ddyn perffaith, ac yn wir yn arweinydd i'r genedl hon. Ni ddylem ei feio, chwaith, oherwydd pwy a wŷr y gymysgfa sydd ynom. Mor wahanol oedd Richard Burton, fe ddysgodd ef yr iaith, fe ddysgodd eu hystum a'u hosgo ac fe aeth i Mecca fel Arab a 'doedd neb ddim callach. Ef oedd f'arwr i, ond rhaid cyfaddef i Gordon ddod yn fyw iawn i mi, yma yn Khartoum. Dyn cywir, caredig, dyn duwiol yn darllen ei Feibl a gweddïo'n gyson, dyn ffyddlon i'w alwedigaeth ac i'w frenhines.

Dewisais fynd i edrych ar y sêr, yn hytrach na gwrando ar druth ar Kitchener fin nos. Mae'r sêr yn anhygoel o glir yn yr anialwch. Maent i'w gweld yn eu miloedd, ond nid oeddwn yn adnabod yr un ohonynt. Ffurfafen ddieithr, ond ffurfafen yn pefrio o emau, ffurfafen yn codi parchedig ofn ar ddyn. Yn wir, ac yn wir, 'Pa beth yw dyn i Ti i'w gofio?' Gallwn i feddwl fod dyn yn agos iawn at ei Greawdwr yn yr anialwch, a'i fod ef, fel Salmydd, yn holi cwestiynau.

Ond i ddychwelyd at Kitchener, clywais, lawer tro, iddo

fynd ati i ailadeiladu Khartoum gan gymryd patrwm Jac yr
Undeb yn gynllun i'r dre'. Erbyn heddiw, ni welais i unrhyw
arwydd o hyn. Edrychai i mi fel pob dinas arall ond bod ei naws,
yn naturiol, yn Arabaidd. Mae'r mosg a'r minaret sydd wedi ei
gerfio'n ddigon o ryfeddod, ac yn werth eu gweld, y *suq* neu'r
farchnad hefyd yn mynd â 'mryd i, y lliwiau a'r arogleuon —
drwg a da! Mae'r Brifysgol yma ac adeiladau gweinyddol, a
cheir o bob math yn chwyrnellu'n wyllt. Y tu allan i'r ddinas y
mae marchnad y camelod, a dyna le diddorol. Mae mor brysur
yno nes ei bod yn anodd penderfynu pa un ai'r dynion sy'n
gwerthu camelod, ai'r camelod sy'n gwerthu'r dynion! 'Rwy'n
hoffi camelod a'u coesau mor flêr a chnotiog, a'u hwynebau
ffroenuchel. Dywedodd un hen wag mai ceffyl wedi ei
gynllunio gan bwyllgor yw camel! Ond yn ôl yr Arab, y camel
yw'r unig un a ŵyr y canfed enw ar Allah, ac y mae'n cael ei
barchu. Ac erbyn meddwl mae'n edrych yn hollwybodol!
Cofiaf roi tusw o wair i un, ac yntau'n gorwedd yn osgeiddig, ac
yn edrych i lawr ei drwyn arnaf, pan floeddiodd rhywun arnaf i
gadw draw, gan bod clwy gwenerol arno. 'Does bosib? Mi
neidiais, beth bynnag!

Ychydig iawn o'r bobl gyffredin oedd i'w gweld o gwmpas y
gwesty ond yn y cwrt bob min nos byddai masnachwyr yn
arddangos eu nwyddau — crefftau gan mwyaf — rhai diddorol
o grwyn, crwyn crocodeil, a genau goeg, a llawer o grwyn nad
oeddwn yn eu hadnabod, mwclis hefyd, sidanau chwaethus a
chotwm, gan fod cotwm erbyn hyn yn gynnyrch pwysig.

Gwelais rywbeth arall hyfryd yn Khartoum. Digwyddodd
wrth i mi fynd i weld amgueddfa arbennig — neu hwyrach mai
oriel yw'r enw gorau arni — oriel a godwyd gan y
Sgandinafiaid. Y tu allan iddi 'roedd yr ardd wedi ei gosod fel
model mawr o Afon Neil, a dyma'r rhyfeddod i mi, ar yr afon yr
oedd *lotus* yn blodeuo. Dyma'r unig dro i mi eu gweld.

Afon Neil — salwch — gweddi — y Cadfridog Gordon —
camel a'r *lotus*, dyna yw Khartoum i mi heddiw, a'r stori
honno, am y Prydeiniwr oedd yn byw yma, yn meddwl y byd o
Gordon, ac yn mynd â'i hogyn bach am dro bob Sul i weld y

cerflun pwysig hwnnw ohono ar ei gamel, a'r hogyn bach yn mwynhau hyn gymaint â'i dad. Yng nghyflawnder yr amser, danfonwyd y bachgen i ysgol breswyl yn Lloegr. Yn ei lythyr cynta' adre' mae'n holi ei dad am enw'r dyn hwnnw oedd yn marchogaeth ar gefn Gordon! Ie, fel yna mae hi, 'A'r wlad nid adnabu Joseff'.

DENPASAR

Prifddinas Ynys Bali yw Denpasar, yr ynys fwyaf anghyffredin a welais i erioed, a'r ynys fwyaf anodd i'w disgrifio, oherwydd nid yn unig mae'n ynys werdd doreithiog a ffrwythlon, ond mae hefyd yn ffordd arbennig o fyw. Yn sicr, 'does dim posib' 'sgrifennu'n arwynebol dwristaidd amdani.

Anelu at Fae Padang yr oeddem ni, a buan iawn y gwelwyd nad oedd modd i long fawr nesáu at y lanfa. Felly i lawr â ni i'r cychod, ac mewn eiliad 'roeddem mewn cefndir dieithr, oherwydd mewn chwinc wele'r bae yn frith o gychod y pysgotwyr yn dychwelyd gyda'u helfa. Cychod, ie, ond rhai gwahanol iawn i'n rhai ni; *outriggers* oedd y rhain, *prahus* gyda'u hwyliau triongl, a phen eliffant-bysgodyn wedi ei gerfio ym mhen blaen bob un. Credaf mai pysgodyn mytholegol yw hwn, yn sicr 'roedd yn ychwanegu at yr olwg ddieithr oedd ar y cychod. Dyna lle'r oeddynt yn arnofio'n ysgafn ar wyneb y môr, eu lliwiau'n binc, a glas, a melyn a phiws. Bore digon cymylog oedd hi, a chan ein bod mor agos i'r cyhydedd, cawsom ein rhybuddio i ddisgwyl glaw. 'Doedd hyn yn mennu dim arnom; onid oedd y cychod lliwgar eisoes yn darogan gwlad newydd, ffres a gwahanol?

Glanfa yn unig yw Padang er bod yno farchnad lewyrchus pan oedd y llongau mawr yn arfer ymweld â'r lle. Yno 'roedd bysiau yn disgwyl amdanom a ffwrdd â ni heb ddim ffwdan. Mae yna lawer ynys werdd — Rarotonga, Tahiti, ynysoedd bach Llyn Gatun, ond yn fy mywyd ni welais i un debyg i Bali. 'Roeddem fel pe baem yn symud trwy nudden ysgafn werdd, popeth yn wyrdd a'r goleuni'n ei adlewyrchu yn wawn hudol o'n cwmpas.

Un o ynysoedd lleiaf Indonesia yw Bali. Buasai'n rhaid cael llyfr cyfan i groniclo ei hanes cymhleth. Nid yw ond wyth gradd i'r de o'r cyhydedd ac y mae'n gynnes drwy gydol y flwyddyn. Digonedd o law cyhydeddol rhwng Hydref a Mawrth a gweddill y flwyddyn yn braf heb fod yn rhy boeth (y tymheredd rhwng 82° a 86°); dyna'r eglurhad ar y gwyrddlesni.

Ond, wedi'r cwbl, y trigolion sy'n gwneud gwlad yr hyn ydyw, er bod y tywydd yn dylanwadu rhyw gymaint ar eu ffordd o fyw. Yn naturiol, gwreiddiau Indonesaidd sydd ganddynt ar yr ynys gyda mymryn o waed Indiaidd a Tsieiniaidd. Mae dros naw deg y cant o'r boblogaeth yn ymarfer y grefydd Hindŵ (h.y. ffurf Bali o'r grefydd honno) a'r gweddill — rhai yn Fwslemiaid, rhai yn ddilynwyr Bwda a rhai yn Gristnogion. Mae rhannu neu'n hytrach cydgyfrannu yn chwarae rhan bwysig ym mywyd y gymdeithas — trefnu'r pentrefi, trin y tir a'r caeau, a hyd yn oed gweithio'r crefftau — i gyd yn nwylo'r gymuned. Yn ei bentref mae dyn yn perthyn i'w deulu, a'r teulu'n perthyn i'r tylwyth, y tylwyth yn rhan o'r gymuned a'r gymuned yn rhan anwahanadwy o'r genedl sy'n gofalu am eu hamgylchfyd a'u treftadaeth. Mae pob amgylchiad teuluol boed enedigaeth neu adeiladu tŷ yn cael ei fendithio gan yr offeiriad, a phob trallod a thrychineb yn cael ei drafod a'i drin gan y tylwyth. Nid yw'n bosib' bod dan bwn o unigrwydd yn Bali. Nid yw hyd yn oed marwolaeth yn ddim mwy na siwrne'r enaid i'r nefoedd, lle mae bywyd yn ddigon tebyg i'r hyn yw ar yr ynys, ond heb boen na salwch.

Mae pob plentyn bach yn freiniol dros ben, gan fod y trigolion yn llwyr gredu i'w enaid ddod o'r nefoedd. Nid yw'n cael cyffwrdd ei draed ar y ddaear nes bod yn chwe mis oed. Unwaith iddo ddysgu cerdded mae'n rhydd i grwydro'r pentref a chwarae gyda phlant eraill, fel bod pob plentyn yn dysgu bod yn annibynnol yn ifanc iawn. Ar yr aelwyd caiff ei berswadio i ufuddhau. Nid yw byth bythoedd yn cael cweir. Y ffordd hon o fagu plentyn, meddir, sy'n dysgu iddo barchu'r traddodiadau, a'r fagwraeth hon sy'n gyfrifol am aeddfedrwydd cymeriad plant Bali, a'u parodrwydd i dderbyn

Gwastadedd Amboseli.

Aswân. Gardd Kitchener.

Abu Simbel.

Babia. Golygfa o'r lanfa.

Bahïa. Hen stryd.

Plant Bali.

Bali. Allorau min-y-ffordd.

Adfeilion hen Ddinas Panama.

cyfrifoldeb. Dim rhyfedd nad oes yna na fandaliaeth na thrais yn eu mysg.

Wrth gwrs, mae eu crefydd yn bwysig. Mae gan bob tŷ gysegr yn ei libart, ac y mae'r tad yn gyfrifol am godi teulu sy'n addoli eu hynafiaid. Ond mae'r teuluoedd yn cydaddoli yn y tair teml sydd i'w cael ym mhob pentre' — Pura Puseh, teml wedi ei chysegru i Visnu, Pura Desa yn anrhydeddu Brahma, a Pura Dalem, teml Siwa i fawrygu'r meirw. Y temlau hyn yw cnewyllyn y gymuned. Dywedwyd bod pob cartref yn Bali yn ymdebygu i'r bod dynol — ei ben yw'r allor deuluol — y cysegr, ei freichiau, yr ystafelloedd cysgu a'r ystafell fyw, a'i draed yw'r gegin a'r ysguboriau reis. To gwellt sydd i bob un ohonynt. Yn y tŷ y bûm i ynddo fe gefais drafferth i adael yr allor gan ei bod mor gain — twr bychan o gerrig cerfiedig gyda llwyfan bach agored dan y to gwellt, ac arno sypiau bach o reis, ac ambell dusw bach o flodau glas, glas. 'Roedd yr ystafelloedd cysgu hefyd yn agored ar un ochr, a Nain yn cysgu'n drwm ar un styllen; gorweddai'n dawel heb yr un gwrthban drosti, ond o ran hynny 'roedd hi'n gynnes braf. Gwelsom fod pob ystafell yn odiaeth o lân er bod y mochyn yn ein dilyn fel ci bach i bob man; un o'r moch hynny sy'n hir ei gorff â phant yn ei gefn oedd o, a chafodd o mo'i hel allan er bod dillad glân o gwmpas, a chrochan ar y tân isel yn llawn o arogleuon hyfryd. Yr hyn oedd yn fy sigo i, oedd fy methiant i gyfathrebu gyda'r bobl garedig hyn.

Mynn y trigolion mai'r duwiau piau'r ynys. Er bod pob gŵr â theulu yn berchen llain o dir, bydd pwyllgor o wŷr priod yn cadw llygad arno, ac yn gofalu ei fod yn ei gadw'n gymen — ac ni ellir codi adeilad arno heb eu caniatâd a'u goruchwyliaeth. A dyna sy'n hyfryd, ym mhob pentref ceir grwpiau cyd-weithredol sy'n helpu ei gilydd adeg dathliadau teuluol, priodasau ac ati ac yn enwedig yn ystod seremoni'r amlosgi sy'n un o ryfeddodau Bali. Mae gan y grwpiau hyn, y *banjars*, eu ceginau arbennig i baratoi gwleddoedd, cerddorfa ar gyfer y dawnsfeydd seremonïol, a thwr i gadw'r drwm sy'n galw'r bobl i'r cyfarfodydd, yn ogystal â theml fechan. Mae eu neuadd i'w gweld ym mhob pentref — rhyw fath o glwb i rihyrsio'r gerddorfa, neu i ymarfer dawns, i bwyllgora, neu i drin a thrafod. I mi, 'roedd y pentref yn ymdebygu i gwch gwenyn, pawb â'i swydd, ond dim un diogyn yn eu mysg.

'Welais i'r un amlosgiad, y seremoni sy'n rhyddhau'r enaid o'r corff, ac yn ei hebrwng ar ei daith i baradwys. Dyna paham, wrth gwrs, y mae'n amgylchiad mor llawen. Ar gyfer y seremoni rhaid adeiladu tŵr uchel a'i addurno â symbolau i gynrychioli'r bydysawd, a'r sylfaen llydan ar ffurf crwban i gynrychioli'r byd. Uwchben mae llwyfan agored — rhwng daer a ne' — lle dodir y corff. Yn ymyl y mae arch fawr ar ffurf anifail — tarw, neu lew, neu'r creadur hanner eliffant, hanner pysgodyn a welid ar y cychod. Yn aml bydd angen cymaint â chant o ddynion i gario'r tŵr a'r arch i safle'r llosgi yn ymyl teml y meirw. Nid wyf i'n gwybod digon am y manion i ddisgrifio'r seremoni, ond wedi'r llosgi bydd y lludw'n cael ei daflu i'r môr. Mae cylch bywyd yn Bali yn un hynod o drefnus.

Y gwyrddlesni aeth â 'mryd i ddechrau, yna, terasau'r reis. Gwelais lawer darlun o gaeau reis mewn gwledydd eraill, caeau fflat a'r brodorion hyd at eu pengliniau mewn dŵr. Ond yma, 'roeddynt yn dringo i fyny ochrau'r bryniau fel grisiau mawr, pob rhes yn cael ei chynnal gan wal fechan, ac yn cael ei dyfrhau gan rwydwaith o ffosydd, a'r cwbl yn edrych fel patrwm ar sidan. Yma ac acw 'roedd yna gysegr wedi ei gerfio ac ynddo allor. Y dynion yn unig sy'n plannu'r reis, ond bydd pawb wrthi'n cynaeafu. 'Doedd dim posib' peidio â dotio ar y tyfiant a'r glendid a'r trefnusrwydd ym mhobman, a dotio hefyd at gampau'r heidiau o wyddau sy'n cael eu hel yno bob dydd i fwynhau'r gwlybaniaeth, y rheiny hefyd yn glaer wyn.

Tra oeddem ar ein ffordd i le o'r enw Sanur, cawsom gyfle i ymweld â chanolfan grefftau. Yn wir, 'doedd dim angen mynd hanner milltir o'r lanfa i weld fod y trigolion yn grefftwyr heb eu hail, gan gymaint y cerfiadau a'r addurniadau o'n cwmpas. Ond yma cawsom weld myfyrwyr, a meistri wrth eu gwaith yn trin metel, ac aur ac arian, yn cerfio esgyrn yn hynod o gywrain a chymhleth, yn arlunio ac yn gwneud gwaith *batik*, i gyd dan yr unto. Dyna hyfryd oedd gweld bechgyn bach deuddeg oed yn cychwyn ar eu prentisiaeth gyda'r fath afiaith.

Ac am y gofaint aur ac arian, 'welais i erioed grefftwyr yn gallu cynhyrchu gemwaith mor gain gydag offer mor hen ffasiwn yr olwg. Crochenwaith wedi ei addurno'n wahanol, gwaith bambŵ, arlunio — nid oedd gan y rhain amser i fandaleiddio a dinistrio, a siawns nad oedd creu nwyddau hardd a chwaethus yn dylanwadu ar gymeriadau'r ieuenctid, ac yn ddisgyblaeth ynddo'i hunan.

Er ein bod yn dechrau mynd yn stumogus, rhaid oedd gweld Dawns y Mwncïod cyn cael pryd. Dweud stori y mae llawer o ddawnsfeydd Bali — storïau o'r ddwy epig fawr Hindŵaidd — Ramayana — stori'r Tywysog Rama — a Mahabarata — stori rhyfel y Baratas. Maent yn llawer mwy nag adloniant ac yn portreadu'r frwydr fythol rhwng daioni a drygioni. Rhan o stori Ramayana yw Dawns y Mwncïod neu'r *Kejak*. Yma eto mae a wnelo'r dawnsiau â chrefydd yn yr ystyr fod yn rhaid perffeithio pob ystum i blesio ac i ddangos parch i'r duwiau. Mae'r gynulleidfa hefyd yn gybyddus â'r storïau a'r dehongliad, a hyn yn creu dealltwriaeth rhyfedd rhwng yr actorion a'r gwylwyr. Y cwbl allwn i ei wneud oedd dilyn yr ystumiau ac edmygu'r gwisgoedd godidog. O'n blaen ar y llawr eisteddai cant a hanner o ddynion yn noeth o'u canol i fyny. Eisteddent o fewn cylch, o fewn cylch, o fewn cylch, a'u traed tua'r canol, yn edrych o bell fel rhyw *dahlia* anferth. Dyma'r 'mwncïod', hwy, neu'n hytrach y sŵn od oeddynt yn ei gynhyrchu yn gyfeiliant i'r gweithgareddau, oedd y gerddorfa ac 'roedd ganddynt ystumiau ac ystranciau priodol hefyd. 'Dwn i ddim sut yr oedd y prif gymeriadau yn symud mor ddeheuig yn eu gwisgoedd cyfoethog. Yn sicr cawsom gipolwg ar gelfyddyd hollol wahanol, a sylweddoli bod diwylliant cwbl estron i ni yn hynod o werthfawr ac y dylem ei werthfawrogi.

Peidied neb â gofyn beth oedd y dewis i ginio. Profiad ofnadwy yw methu deall yr iaith, ond gan bod y bwyd wedi ei osod allan mewn dysglau, 'roedd hi'n bleser dewis. 'Doedd yna ddim cymaint o reis ag oeddwn i wedi ei dybied — ond yr oedd reis yno hefyd — reis wedi ei goginio mewn deilen banana efo rhywbeth o'r enw *lontong*, reis a *coconut* a *ketupat* a phwdin reis. 'Roedd gen i ryw syniad yn fy mhen y dylwn fwyta reis mewn gwlad sy'n tyfu cymaint ohono, felly dyma anwybyddu'r porc, a'r hwyaden, a'r pysgodyn, a chael plataid o reis wedi ei ffrio efo *shrimps* a chigoedd a sbeis. Wancos! Cefais gyngor i beidio ag yfed diod oer gyda sbeis poeth, bod reis yn well i'r pwrpas — ond pan yw'r reis yn boeth, beth wedyn? Y salad ffrwythau oedd yn dilyn achubodd fy nghorn gwddf i, a 'doedd ddim o bwys gennyf nad oeddwn yn adnabod llawer ohonynt.

Trefnwyd inni fynd i weld dawns arall yn y prynhawn. Dawns *Legong* oedd hon. Dyma'r un sy'n gysylltiedig â Bali. 'Roedd gen i ddiddordeb arbennig ynddi gan fod yma gyfle i glywed y *gamelan*, y gerddorfa o gongiau, drymiau, *xylophones* bambŵ, ffliwt, ffidil-dau-dant, a sturmant. Mae'r sain yn arall-fydol ac yn anodd i'w ddisgrifio; yn sicr, mae'n gyfeiliant cymwys i'r ddawns ac yn cydweddu â'r wlad wahanol hon.

Stori arall yw'r *Legong* — dawns glasurol a dim ond tri chymeriad ynddi — a phlant yw'r dawnswyr, plant dan bedair ar ddeg; yn wir, bydd merched bach addawol yn cael eu dewis a'u hyfforddi yn bump oed. Mae pob ystum yn bwysig, y bysedd hefyd a'r llygaid, a'r gwisgoedd y tu hwnt o wych.

Mynd wedyn i'r brifddinas sef Denpasar — dinas â thua chan mil o drigolion yn byw ynddi. Yma y mae'r brifysgol, yr amgueddfa genedlaethol, swyddfeydd y llywodraeth, ysbytai, a'r siopau mawr a bach sydd i'w cael ym mhob dinas. 'Roedd y traffig yn wyllt — dim rhyfedd hwyrach, o weld cerflun mawr ar ganol Sgwâr Puputan, — cerflun pedwar-wynebog, ac wyth o freichiau yn 'rheoli' pob cyfeiriad. Nid fi yw'r un i yrru car yn Denpasar, beth bynnag!

Ystyr yr enw 'Denpasar', meddir yw 'gogledd o'r farchnad', ac yn sicr, mae yno ddwy farchnad fawr, un ohonynt ar agor ddydd a nos. Dyna hyfryd oedd gweld cyflawnder o wahanol fathau o sbeis fel ym marchnad Addis Ababa. Cynnyrch y tir, yn llysiau, *yams*, a ffrwythau trofannol sy'n apelio fwyaf ataf fi, mwy na rhyw fwclis a thrincedau, a ph'run bynnag 'roedd pawb yn mynnu tynnu'n sylw at y ffaith y byddai marchnad arbennig inni'r teithwyr, dan y coed ar y lanfa ym Mae Padang, a 'doedd na sbeis, na ffrwythau egsotig fawr o werth inni ar y llong. Dyna'r rheswm paham i'r arian barhau ychydig yn hwy! A da hynny oherwydd dan y coed 'roedd y stondinau yn ddigon o ryfeddod, a'r gwaith *batik* o bob lliw a phatrwm wedi gwirioni llawer ohonom. Wrth gwrs, mor agos â hyn i'r cyhydedd mae'n nosi'n fuan, a goleuwyd llusernau yn y canghennau, a dyna ni yng ngwlad hud a lledrith.

Yn wir, hwn oedd y cyfle gorau gawsom i gymysgu â thrigolion hynaws, hawddgar, Bali. Rywsut, nid yw diffyg iaith yn rhwystr wrth brynu a gwerthu a tharo bargen!

Sylwaf mai ychydig a ddywedais am Denpasar, wedi'r cwbl, ond gan imi danlinellu mai 'ffordd o fyw' yw Bali, hwyrach y caf faddeuant. Wyddoch chi, erbyn heddiw, mae'n anodd gennyf gredu fod yna'r fath le. Oes yna 'fro dirion, draw dros y don'? Ai breuddwyd oedd yr ynys bellennig, lle mae'r trigolion yn cyd-fyw'n heddychlon, yn magu eu plant i barchu crefydd a thraddodiadau'r tadau, yn caru harddwch heb ddiystyru gwaith? Ond dyna yw Bali, ynys yr allorau.

DINAS PANAMA

Mae'n debyg y dylwn ddechrau efo'r gamlas a'm galluogodd i fynd i'r ddinas.

'Gwahanwyd y tir, unwyd y byd' yw arwyddair y gamlas, ac mae hynny'n wir yn y ffaith y gall llongau groesi o un hanner y byd i'r llall heb 'rowndio'r Horn' a wynebu peryglon di-ri, heblaw yr arbed ar amser. Cyn i ddyn fentro i'r lleuad, mae'n debyg mai'r gamlas oedd un o orchestion mwyaf byd peirianneg.

Wrth gwrs, 'roedd arnaf innau eisiau gweld y fath ryfeddod, ond 'roedd gennyf resymau eraill hefyd dros fod yn ddiolchgar am gael aros yn Ninas Panama, un ohonynt yn arbennig, wedi bod yn boendod i mi ers oesoedd, sef — wel, rhaid imi fanylu. I ni o'r wlad yma, mae'r gamlas yn torri trwy'r *Isthmus* o'r Dwyrain i'r Gorllewin. Gwyddom i gyd fod yr haul yn codi yn y Dwyrain — felly, yn ôl y drefn dylai'r wawr fod dros Fôr y Caribî, a'r machlud dros y Môr Tawel yn y Gorllewin, a minnau wedi darllen yn rhywle fod yr haul yn Panama yn codi dros y Pasiffig! Sut y gallai'r fath beth fod? Onid yw'n groes i ddeddf y cread? A minnau wedi bod yn pendroni uwchben y gosodiad am allan o hydion dyma gyfle o'r diwedd i weld drosof fy hun, cyfle oedd yn fy nhynnu fel magned i Ddinas Panama, a phe bawn yn gorfod aros ar fy nhraed trwy gydol y nos, 'roeddwn yn benderfynol o weld y wawr yn torri.

Y rheswm arall oedd, gyda lwc a bendith, dod o hyd i rywrai a allai roi rhagor o hanes Harri Morgan, ein môr-leidr o Gymru imi, canys yn Panama 'roeddwn yng nghanol ei 'fistimanars'. Rhaid cyfaddef nad oeddwn yn ffyddiog iawn. Gwirionedb oedd disgwyl i'r dyn cyffredin wybod dim amdano bron dri chan mlynedd wedi ei farw. Byddai'n rheswm dros gynnal sgwrs, beth bynnag.

Wel? A wnaeth y Bod Mawr un camgymeriad? Hwylio o'r Gorllewin i'r Dwyrain yr oeddem ni, o'r Pasiffig i Fôr y Caribî — hwylio o'r machlud i'r wawr, ac wedi angori dros nos ar ochr y gamlas i Bont Thatcher, angori i wynebu'r Dwyrain a'r wawr. Codais yn blygeiniol drannoeth a rhuthro i'r dec ac, ar fy ngwir, dyna lle'r oedd y wawr yn ei holl ogoniant y tu ôl i Bont Thatcher, honno'n ddu loywddu yn erbyn y cefndir lliwgar. Gyda'm llygaid fy hun gwelais yr haul yn codi yn y Gorllewin. Ond paham? Sut? Beth yw'r eglurhad? Dim byd mor drawiadol â chamgymeriad gan y Bod Mawr! Mae'r ffaith fod yr *Isthmus* ar ffurf S wedi gorfodi'r gamlas i redeg o'r Gogledd Orllewin i'r De Ddwyrain fel bod y fynediad allan i'r Pasiffig saith milltir ar hugain i'r Dwyrain o'r fynedfa i'r Caribî, hynny yw, yn wynebu'r Dwyrain, a blaen y wawr!

I ddod o hyd i olion dinistr Harri Morgan rhaid oedd mynd i Hen Banama i weld yr adfeilion. Nid fy mod yn hoff o'r gwalch creulon — os oes rhaid dewis môr-leidr yna Barti Ddu i mi, er mai un drwg oedd o hefyd — ond yng nghyffiniau Panama nid oes modd anghofio Harri Morgan.

Pwy oedd o? Ymddengys nad oes sicrwydd. 'Roedd ei deulu, meddir, yn hannu o Dredegar, er bod sôn amdano yn dod o'r Fenni. P'run bynnag, fe'i dedfrydwyd i gael ei alltudio i Barbados. Daeth yn rhydd ymhen tair blynedd, a ffwrdd â fo i Jamaica i wneud ei ffortiwn, ac yno y datblygodd yn fôr-leidr llewyrchus. Yn wir daeth yn ŵr cefnog ac fe ledaenodd si am ei greulonderau drwy ynysoedd y Caribî. Cofir amdano yn tramwyo ar draws yr *Isthmus* hwn yn llosgi a dinistrio, an-rheithio ac ysbeilio, a chofadail i'w erchylloterau ysgeler ef yw adfeilion Hen Banama.

Nid oedd hyn yn plesio llywodraeth Prydain, ond o dipyn i beth daeth yn ôl i ffafr y Brenin Siarl, cafodd ei benodi yn ddirprwy lywodraethwr Jamaica a'i ddyrchafu'n farchog. Bu farw yn Jamaica, lle mae'n cael ei barchu, a'i drysorau'n cael eu harddangos.

Daeth Hen Banama yn bwysig ymhell cyn bod sôn am y gamlas. Fe ddarganfuwyd y culdir gan Sbaenwr o'r enw Ojeda ym 1499 medd rhai, gan Vasco Nunez de Balboa ym 1501 medd eraill, a chan Columbus ar Ddydd Nadolig 1502, medd eraill eto; trwyddynt daeth cyfle i weld ac i adnabod rhan arall o'r byd, a phan groesodd Balboa y culdir ym 1513 a gweld y Pasiffig am y tro cyntaf daeth cyfle i ymgyfoethogi na fu erioed ei fath. Sylwodd Columbus fod yr Indiaid yn gwisgo perlau mawr a mân, a dyma ddechrau eu cludo i Sbaen yn anrhegion i'r Frenhines Isabella. Yna gwnaeth darganfyddiad Balboa o'r môr mawr y tu hwnt i'r culdir eu hwyluso i gipio aur a chyfoeth yr Inca mewn llongau o Periw a'i lwytho ar gefn asynnod a'u harwain ar draws yr *Isthmus* ar hyd El Camino Real (Y Ffordd Frenhinol) i Portobelo ar y Caribî, a'u cludo oddi yno ar longau Sbaen i Ewrop. Yr holl gyfoeth, cyfoeth na welwyd ei fath o'r blaen, y cyfan yn demtasiwn i ysbeilwyr a herwgipwyr.

> Gemau ac aur oedd ar y bwrdd,
> Gemau ac aur a ddygwyd i ffwrdd,
>   A llawer i gist,
>   Cyn i'r wawrddydd drist
> Weled y gwaed ar y llithrig fwrdd.

> Yn llwythog o rawn a llieiniau main
> O loyw-win ac o emau cain —
>   O berlau drud
>   O bellafoedd byd,
> A barrau o aur a sidanau main.

I. D. Hooson yn canu i Barti Ddu ddwy ganrif yn ddiweddarach, ond yr un oedd y stori, rhyw hanner can mlynedd ynghynt pan oedd enw Harri Morgan yn codi ofn ar bawb yn y cyffiniau.

Rhaid oedd cael mynd i Hen Banama, a hynny cyn cymryd fawr o sylw o'r ddinas newydd. Gwelsom mai'r ffordd ddelfrydol oedd llogi tacsi i'n cludo'n gyflym o A i B, ond yn anffodus 'roedd hyn yn cyfyngu ar ein cyfle i sgwrsio efo'r brodorion. Ond, trwy lwc, 'roedd ein gyrrwr croenddu yn ffraeth ar y naw. Nid oedd ei ffeithiau yn gywir bob tro ond nid oedd hynny yn ei boeni. 'Roedd ganddo bregeth a chynulleidfa fach i wrando arni a 'doedd dim taw arno. Rhaid oedd oedi wrth gofgolofn Balboa — un fawr hardd â gardd yn gefndir iddi — oedi a gwrando!

'Does yna fawr o'r Hen Banama yn weddill ar wahân i dŵr sgwâr solat yr eglwys gadeiriol, ond 'roeddwn yn dotio ar yr olwg gymen ar bob man, ac yr oedd yn hawdd gweld eu bod yn ailgodi ambell adeilad.

'Rwy'n digwydd bod yn berchen ar asgwrn cefn annifyr sydd yn ei gwneud hi'n anodd imi ddal ati i grwydro, felly ffwrdd â mi yn ôl i'r tacsi i aros am fy ffrindiau. Wrth gwrs 'roeddwn ar drugaredd y gyrrwr. Dyma fo'n dechrau ar ei storïau, 'ond hynny nid yw ofid im'. Cyn y diwedd 'roedd Harri wedi priodi'r Frenhines Elisabeth a 'doedd waeth imi heb danlinellu mai Elisabeth, merch o Lanrhymni oedd ei wraig. Erbyn iddo orffen disgrifio erchyllterau'r môr-leidr 'roedd arnaf ofn cyfaddef fy mod yn perthyn i'r un genedl. 'Roedd ei hanes yn ysbeilio Portobelo yn ddigon i godi gwallt pen. Wedi imi ymbil am stori lai dychrynllyd y cefais hanes yr allor — yr allor gafodd ei harbed rhag Harri a'i griw trwy ei gwyngalchu, canys campwaith amhrisiadwy o aur oedd yr allor hon. Heddiw mae i'w gweld yn ei holl ogoniant yn eglwys San José. Am unwaith cafodd Harri ei dwyllo! Wedi'r anrheithio a fu ar Panama Viejo — yr hen ddinas, aeth y trigolion ati i adeiladu dinas newydd rhyw bum milltir i'r Dwyrain — dinas gaerog, haws i'w hamddiffyn. Dyna Ddinas Panama heddiw.

Wedi pryd o fwyd dyma hurio tacsi arall i fynd â ni i weld Dinas yr Allor Aur. Fe'n rhybuddiwyd i beidio, ar un cyfri', agor ffenestri'r car, gan fod yna chwiw-ladron yn dew ar hyd y strydoedd yn 'giamstars' ar gipio bagiau. Buan iawn y gwelsom y rheswm am hyn gan fod i Ddinas Panama fel pob porthladd ei chyfoethogion a'i thlodion, a'r tlodion hynny y tu hwnt o dlawd. Ar y ffordd i eglwys San José 'roedd y strydoedd yn gul a'r tai yng nghyffiniau'r eglwys fel cytiau ieir; yn wir, nid wyf yn gweld neb yng Nghymru yn fodlon cadw ieir yn y fath gytiau. Sôn am gyferbyniad — y slym y tu allan, a chael ein dallu y tu mewn gan aur yr allor — ie, allor aur, yn ymestyn o'r llawr i'r nenfwd, ac wedi ei cherfio'n gywrain, yn estyll a phileri main gosgeiddig — yr aflendid a'r tlodi y tu allan, a'r fath gyfoeth oddi mewn.

Oddi yma aed â ni i weld Las Bovedas, yr hen gelloedd carchar oedd yn y mur ar fin y môr. Bu'r rhain yn eu tro yn wrthglawdd rhag gelynion, yn fan i gariadon gadw oed, yn ogystal â charchar i ddrwgweithredwyr. Yma hefyd y byddid, yn yr hen amser, yn cadw gwyliadwriaeth yn ystod pob awr o'r dydd a'r nos, ar y gemau a'r aur oedd yn cael eu trosglwyddo ar draws y culdir i longau Sbaen, a dywedir nad oedd sŵn traed y gwylwyr na'r holl dramwyo yn ddigon i foddi gweiddi'r carcharorion, pan fyddai'r llanw'n hyrddio'r môr i'w celloedd.

Nid oes arnaf eisiau rhestru'r hyn a welsom yn y ddinas hon sy'n groesffordd i'r byd. Wrth gwrs, mae o reidrwydd yn gosmopolitan, ond mae iddi hefyd ei diwylliant ei hun. Am bedwar diwrnod cyn y Grawys mae'n enwog am y carnifal pan welir y gwahanol ranbarthau o'r wlad yn cael eu cynrychioli gan wŷr a gwragedd wedi eu gwisgo mewn dillad traddodiadol a'r rheiny wedi eu haddurno â'r brodwaith mwyaf cywrain. Bydd dawnsio yn y strydoedd drwy'r nos, a mynd ar y *tamborito* a'r *cumbria*.

Mae yma doreth o siopau a gwestyau hardd, a nwyddau o bob rhan o'r byd i'w cael yn ddi-dreth ac yn ddi-doll — gwaith arian o Denmarc, crochenwaith o Loegr, clociau o'r Swistir, peraroglau o Ffrainc, sidan o'r Eidal, lliain o Iwerddon, nwyddau o wledydd eraill i gyd. Nid oedd gyrrwr y tacsi yn coelio bod arnom eisiau gweld crefftau lleol, ond daeth o hyd i siop oedd yn werth ei gweld — yn llawn o fowleni mahogani, nwyddau lledr, bagiau ac esgidiau o grwyn aligator, hambyrddau, basgedi ac yn eu plith beth wmbredd o nwyddau Dwyreiniol. Er fy mod yn hoffi crwydro strydoedd ac edrych yn ffenestri'r siopau rywsut 'roeddwn i'n ymwybodol o hyd fy mod mewn dinas ddieithr mewn gwlad ddieithr.

Ond rhaid imi sôn am yr hyn sy'n weddill o eglwys Santo Domingo. Adeiladwyd hon gan fynachod Urdd Sant Dominic. Rhaid oedd codi bwa i ddal llofft yr organ yn ei lle, ond methiant fu pob ymdrech. 'Roeddynt ar ddigalonni, ond yn ôl yr hanes dywedir i un o'r mynachod ddod o hyd i'r ffordd i godi bwa perffaith mewn breuddwyd. Aeth ati i'w hadeiladu, a gymaint oedd ei ffydd ynddi nes iddo sefyll odditani wrth iddynt dynnu'r ysgaffaldiau. Yn y flwyddyn 1756, distrywiwyd yr eglwys gan dân, ond mae'r bwa yn dal yn ei le. Yr hyn sy'n ddiddorol yw mai sefydlogrwydd yr union fwa hwn oedd un o'r rhesymau paham i'r gamlas gael ei hadeiladu yn Panama yn hytrach nag yn Nicaragua, gan ei bod yn profi fod y wlad yn rhydd o ddaeargrynfeydd.

Nid yw'n bosibl meddwl am Ddinas Panama heb y gamlas, y wyrth hon arbedodd 13,000 milltir o fordwyo i longau'r Unol Daleithiau o'r Môr Tawel i Fôr Iwerydd. Mae hanes y fenter i'w gael mewn sawl llyfr, ac fe fydd ei hangen hyd yn oed yn oes awyrennol y dyfodol — yn sicr i'r llongau sy'n cludo cargo. Ar hyn o bryd mae pymtheg mil o longau yn ei thramwyo bob blwyddyn. Cymer wyth awr mwy neu lai i fordwyo'r hanner can milltir o un pen i'r llall, ac er nad allaf ond rhyfeddu heb ddeall oblygiadau y wyrth beirianyddol gallaf feddwi ar y wyrth arall sef gwyrth Natur. Mae'r gamlas yn y trofannau, a glaw, gwres, lleithder a heulwen yn gyfrifol am y tyfiant toreithiog a'r gwyrddlesni anhygoel — pob modfedd o dir o'r golwg dan dyfiant.

A minnau, yn Curaçao, wedi dyheu am ryw chwa o awel i danlinellu fy mod o fewn cyrraedd cyfandir mawr dieithr De America, 'doedd dim angen chwa ar y gamlas, canys nid oes ond angen clustfeinio i glywed sŵn anifeiliaid a chrawcian adar dieithr. Rhwng popeth profiad bythgofiadwy oedd Dinas Panama i mi.

NUKU'ALOFA

Nuku'alofa yw prifddinas Tonga — ynys i ffaglu dychymyg os bu un erioed — MAN CYCHWYN AMSER — hyn ddywed y posteri. Wrth gwrs, ar un wedd, mae hyn yn gywir, oherwydd dyma'r tir cyntaf i'r Dwyrain o'r Dyddlinell (*International Date Line*). Wrth groesi'r llinell ddychmygol hon, sy'n ddyfais i hwyluso ymdrech dyn i gadw trefn ar amser mae'r teithiwr un ai'n colli diwrnod neu'n ennill diwrnod, mae'n dibynnu i ba gyfeiriad y bydd yn teithio. 'Roeddwn i'n ei chael hi'n anodd i berswadio plant am y colli a'r ennill hwn, er eu bod yn deall y rheswm paham, ond 'feddyliais i ddim erioed y buaswn yn cyfarfod hen wreigan ddagreuol ar fwrdd llong oedd yn meddwl fod Satan wedi cipio un o'n dyddiau ni. 'Ble mae dydd Iau?' oedd ei chri a ninnau wedi neidio o ddydd Mercher i ddydd Gwener. Ymdrechais i'w chysuro trwy egluro fy mod i hefyd wedi mordwyo o'r Gorllewin i'r Dwyrain a chael DAU ddydd Mercher, ond bod y criw yn galw'r ail yn ddydd Awstralia, ond 'doedd dim yn tycio; fel y plant, 'roedd hi'n methu amgyffred colli ac ennill diwrnod — dynion yn ymyrryd â threfn yr Hollalluog oedd hyn iddi hi a bu wrthi'n proffwydo gwae am ddyddiau. Cofiais innau fod y cenhadon ar yr ynysoedd yn mynd i drafferthion trwy fethu penodi'r Saboth, y Nadolig, y Groglith, ac yn y blaen. Mae'r ddyfais yn cadw trefn ar glociau'r byd ond mae hyn yn wahanol iawn i gadw trefn ar amser, sy'n ddirgelwch llwyr i mi.

Ymhell, bell yn ôl, meddir, enw'r duw hollbwysig oedd Tongamatamoana, ac yr oedd ganddo un ferch yn byw ar y ddaear. Tyfodd hithau i fod yr harddaf o ferched, ac er mwyn ei gwarchod rhag pob perygl, daeth ei thad i'w chyrchu a'i chludo i'w gartref yn y ffurfafen. Dyna gychwyn y stori sy'n cael ei hadrodd wrth blant Tonga. Bu chwilio dyfal am y ferch bryd-ferth, ond gofalodd y duw fod y llwybr a arweiniai o'r ddaear yn un anodd a dyrys i ddod o hyd iddo, ac yn un peryglus i'w dramwyo. Methodd pawb ond dau frawd ac, fel mewn llawer stori arall, maent yn goresgyn anawsterau, ac yn gwrthsefyll temtasiynau ac o'r diwedd yn dod o hyd i'r ferch, a pherswadio'r tad i roi bachyn pysgota arbennig iddynt i'w galluogi i godi tir newydd o ddyfnderoedd y môr. A dyna fel y codwyd ynys Tongatapu o berfeddion yr eigion i fod yn rhan o'r ddaear, ac yno buont fyw yn hapus gyda'i gilydd. Yr Ynys Sanctaidd yw ystyr y gair Tongatapu, ac yr oedd gennyf dri rheswm dros ymfalchïo fy mod yn cael cyfle i fynd yno.

Un oedd y ffaith mai o Tonga y daeth ein meddyg teulu, Dr Bull, i Lanfyllin, a rhyngddo ef a'i ferch deuthum i wybod llawer am yr ynys. Gwyddwn hefyd fod John Davies aeth yn genhadwr o Bont Robert i Tahiti wedi cysylltu â chenhadwr arall, Nathaniel Turner ar Tonga, a'r olaf yn perthyn i Dr Turner, y gŵr piau'r tŷ yma. Mae gennyf i gopi o lythyrau John Davies ac y mae gan Dr Turner gopi o ddyddlyfr ei berthynas, a hwyl oedd dod o hyd i gyfeiriad at ei gilydd yn y ddwy lawysgrif — Nathaniel Turner yn gofyn am fenthyg athrawon dros dro, a John Davies yn cyfeirio at y digwyddiad. Mae'n dal i fod yn rhyfeddod i mi.

A'r trydydd rheswm oedd holi am gampau'r tîm rygbi gafodd hyfforddiant a help gan y diweddar, annwyl, Carwyn James.

Ac, wrth gwrs, 'roedd pawb yn cofio hawddgarwch y Frenhines Salote yn teithio'n bennoeth yn y glaw adeg coroni'r Frenhines Elisabeth.

Wedi'r holl ddisgwyl, siom oedd gweld yr ynys o'r môr. Dyna lle'r oedd hi yn wastad fel plât bara ymenyn — mor wahanol i Fiji, Moorea, Tahiti a Rarotonga. Rhaid oedd dynesu i weld y gwyrddlesni oedd yn ei gorchuddio. Gwelsom hefyd nad oedd yn bosibl i long fawr fwrw angor yn ymyl y lan, a dyna ddechrau fy mhleser, oherwydd mae yna rywbeth yn weddus mewn glanio o gwch ar ynys.

Ar y cei, wele sawl bws yn disgwyl amdanom — hen 'fysus bach y wlad' ond fod pob un ohonynt wedi ei addurno â blodau — *bougainvillea, hibiscus, frangipane* ac amrywiaeth o flodau'r trofannau — y blodau hyn oedd yr unig help inni ddod o hyd i'n bws. Ond yn lle anelu am fws, dyma fi ar wib i Swyddfa'r Teithwyr ar y cei, rhag ofn na ddeuai cyfle arall i holi am wybodaeth. Druan o'r gŵr annwyl y tu ôl i'r cownter — y wraig ddieithr yma yn ei boeni, y bws yn aros amdani, a'i gwrteisi naturiol yn gwrthod gadael iddo droi arni. Felly, brysiais i'w holi am y cenhadwr Nathaniel Turner. Atebodd yn syth fod pob plentyn ysgol yn gwybod amdano. Rhuthrais i ofyn yr ail gwestiwn. 'A oedd yn cofio Dr Bull?' Fel ateb o'r *Rhodd Mam* 'Keith,' meddai, ' 'roeddwn i yn yr ysgol efo Keith' (mab Dr Bull). 'Roeddwn innau'n dechrau mynd i hwyl erbyn hyn nes daeth brefiad o gorn y bws. Neidiodd dros y cownter a'm tywys i gyfeiriad y drws, a mentrais holi a oedd wedi clywed sôn am Carwyn James. Wel, dylwn fod wedi cychwyn efo Carwyn, taflodd ei freichiau i'r awyr, gwenodd o glust i glust, ac ymgolli mewn sgwrs am rinweddau'r gŵr mawr, ond daeth brefu cyson o gyfeiriad y bws, a rhoi taw arno. Diolch i Carwyn cefais f'arwain yn urddasol at y cerbyd a 'doedd wiw i'r gyrrwr wgu arnaf.

Mae yna o leiaf gant a hanner o ynysoedd yn nheyrnas Tonga, a dim ond tri deg chwech ohonynt â phobl yn trigo arnynt, a'r cyfan gyda'i gilydd ddim ond tua 270 milltir sgwâr — trigain troedfedd yw'r bryn uchaf ond mae'r môr yn chwe milltir o ddyfnder. Dim ond ugain milltir o hyd a deuddeg o led oedd yr ynys a dyma benderfynu yr hoffem ei gweld cyn ymdroi yn Nuku'alofa. Clywsem fod iddi ffyrdd da, ond i rywun â chefn cysetlyd fel fi 'roeddynt yn ddigon anwastad — neu hwyrach mai ar yr hen fws yr oedd y bai. Ond fel y gweddill o ynysoedd Môr y De, 'roedd y tir bob ochr yn hynod o doreithiog, gyda phalmwydd cnau coco, a choed banana ar bob llaw, ac ambell faes gwyrdd gydag anferth o bren y ffrwyth bara (*bread fruit*) ar ei ganol, yn union fel y gwelir derwen ar weirglodd yng Nghymru. Yma ac acw, 'roedd yna bentrefi bychain o dai to gwellt, a'r trigolion yn gweithio'n droednoeth yn eu gwisgoedd traddodiadol, y gwŷr a'r gwragedd mewn *vala* (sgert), llaes i'r merched, cwta i'r dynion, rhai yn gwisgo *ta'ovala*, rhyw fath o fat ysgafn ar ffurf ffedog, a hwnnw'n cael ei gadw yn ei le gan y *kafa* — belt wedi ei wau o ffibr canu coco.

Er ein bod ar y ffordd i weld Cerrig Ha'amonga, rhaid oedd oedi wrth y man lle glaniodd Capten Cook, a chan fy mod innau wedi darllen cryn dipyn am fordeithiau'r gwron hwnnw, 'roeddwn yn falch o weld y lle, a chael dychmygu'r olygfa. Gan mai Cymraes ydw i 'roedd yn naturiol imi feddwl am Dafydd Samwel, mab i ficer Nantglyn, a oedd yn feddyg ar long James Cook. A fu ef yn troedio'r union fan, yn chwilio am ffrwythau ffres i gadw'i filwyr yn iach o'r crachlyd (*scurvy*)? Do, 'rwy'n siŵr — ond rhaid imi adael y trywydd yna er bod Dafydd Ddu Feddyg yn ffefryn.

Dwy garreg anferth gyda chapan o bedair troedfedd ar bymtheg yw Cerrig Ha'amonga. Am flynyddoedd lawer tybid mai mynedfa arbennig i'r teulu brenhinol fynd i'r hen briffddinas Mua oeddynt, ond o ganlyniad i waith ymchwil y brenin presennol, y duedd bellach yw credu mai rhyw fath o galendr ydynt, gan fod yna riciau yn y capan yn dangos i'r dim y man y bydd pelydrau'r haul yn taro ar y dydd hwyaf a'r dydd byrraf. Tafelli anferth o gwrel yw'r cerrig. Dyna hefyd sy'n gorchuddio'r Langi a godwyd dros feddau'r drydedd ganrif ar ddeg. Mae beddau cyffredin hefyd yn cael eu codi uwchben y ddaear a'u hamlinellu â photeli gyda'u gyddfau wedi eu gwthio i'r tir, a'r gwydr yn sgleinio fel gemau yn yr haul.

Ar fin y ffordd cododd rhai o'r trigolion stondinau o waith llaw, a daeth plant o'r ysgol gyfagos i ofyn am gyfeiriad plant o Brydain i bwrpas llythyru. Mamau a babanod, merched ifanc gosgeiddig — pawb yn annwyl ac yn agos atom. Dim rhyfedd i'r deyrnas gael ei galw'n Deyrnas yr Ynysoedd Cyfeillgar.

Wedi dychwelyd i Nuku'alofa 'roedd yn well gan rai ohonom gomowta o gwmpas y dre' na mynd ar wibdaith i ymdrochi. RHAID oedd ymweld â'r Swyddfa Bost, gan fod stampiau Tonga yn rhan bwysig o'r economi ac yn wahanol iawn i'n stampiau ni, er enghraifft mae un banana yn costio un *sene*, pump banana yn bump *sene* ac yna, yn ôl eu gwerth ceir llun melon, llun cneuen goco, yn cael eu dilyn gan bob math o sgroliau, crwn a thriongl — paradwys i gasglwyr stampiau.

Ar y stryd, wele sawl *ve'etolu*, cerbyd bach agored tair olwyn gyda tho uwch ei ben a blodau'n addurno'r pyst, a digon o le i bedair ynddo. 'Roedd y demtasiwn yn ormod, a ffwrdd â ni i weld y dre' — yn gynta' Plas y Brenin wedi ei amgylchynu â wal isel o gwrel. Nid yw'n anferth nac yn rhodresgar ei olwg, ond saif mewn gerddi hyfryd o lawntiau a blodau, a phinwydd uchel a choed *flamboya* yn ei warchod, teils coch ar y to yn gweddu'n berffaith â'r *hibiscus* o'r un lliw. Nid nepell oddi wrtho mae'r Capel Brenhinol, lle mae'r teulu'n addoli, a'r lle y cynhelir y seremonïau arbennig — coroni, priodi, bedyddio ac ati . . . Mae pob enwad i'w gael yn Tonga ond Wesleaid yw'r rhan fwyaf o'r bobl. Mae'r Saboth yn cael ei gadw'n gwbl sanctaidd, ac yn ôl y Cyfansoddiad, i fod felly am byth. Torri cyfraith gwlad yw gweithio neu chwarae, prynu neu werthu ar y Sul, ac nid oes gwerth cyfreithiol mewn unrhyw gytundeb a arwyddir ar y Saboth. Yr eglwys fwya' o ran maint a welais i oedd *The Free Wesleyan Church of Tonga*, er bod yr eglwys Anglicanaidd, yr eglwys Babyddol, ac eglwys y Mormoniaid yn ymddangos yn ddigon llewyrchus.

Yn hytrach na chael cinio yng ngwesty'r International Date Line dyma benderfynu mynd i dŷ bwyta bychan i gael cyfarfod â'r bobl leol. Pren neu hwyrach bambŵ oedd popeth oddi mewn, ond 'doedd dim argoel o'r un creadur byw, er, o glustfeinio, clywsom sŵn curo yn rhywle. Curo ar y cownter ond neb yn ateb, edrych o'n cwmpas, pob man yn lân a'r llestri'n daclus. Siglo'r llidiart fechan oedd yn y cownter. 'Roeddwn innau'n dechrau meddwl y byddai'n gwneud cychwyn da i stori gan Somerset Maugham pan ruthrodd merch ifanc i mewn, a diflannu i'r cefn fel fflamiau. Sŵn siarad byrlymus ac ambell floedd, ac o'r diwedd cawsom botiaid o de a brechdanau, ond ni

Dinas Panama. Y r Allor Aur.

Kandy, Y Llyn.

Kandy. Mynedfa i Deml y Dant.

75

Khartoum. Afon Neil.

Nuku'alofa. Stondin min-y-ffordd.

Tonga. Cerrig Ha'amonga.

Papaara. Bedd John Davies.

Papaara. Teml y paganiaid.

ddaeth neb arall i'r lle. 'Rwy'n dal i feddwl fod yna stori y tu ôl i'r cownter.

Ar y stryd fawr wele siop Sefydliad Merched Jangafonua, yn gwerthu pob math o grefftau — basgedi, bagiau, matiau cywrain, llieiniau *tapa*, y cwbl yn waith llaw. Gwelsom y *tapa* yn cael ei guro gan rai o'r merched. Maent yn cymryd rhisgl mewnol y forwydden, ei fwydo mewn dŵr am ychydig ddyddiau cyn ei godi a'i osod ar garreg lefn neu gyff coeden, a'i guro â gordd bren nes ei fod yn denau fel papur.

Amaethwyr a physgotwyr yw'r rhan fwyaf o'r gwŷr, yn byw ar eu *api*, parsel o dir tua wyth cyfer. Maent yn codi digon o fwyd i'w cynnal o ddydd i ddydd, ond 'd all neb wneud elw ac ymgyfoethogi. Mae eu tai yn ddi-rent er bod yn rhaid talu ychydig am y tir, ond mae'n ofynnol iddynt blannu dau gant o balmwydd cnau coco a'u cadw mewn cyflwr da.

'Roeddem am weld bedd y Frenhines Salote. Mae'r fynwent ar ychydig o godiad tir. Gan fod Tonga mor wastad mae'n amhosibl turio'n ddwfn heb ddod o hyd i ddŵr — dŵr y môr — felly mae'r beddrodau'n cael eu hadeiladu uwchben y ddaear, a'r eirch yn cael eu gorchuddio â thywod. Yn hytrach na dilyn y ffordd, cymerasom lwybr llygad ar draws cae, gan anelu at glwyd yn arwain i'r fynwent. 'Roeddem bron wedi cyrraedd pan ddaeth bloeddio croch o'r ochr bella' i'r cae, a grŵp o bobl yn amneidio arnom i ddychwelyd ar unwaith. Yn ôl â ni heb wybod paham, ond buan iawn yr eglurwyd fod y fynwent yn dir sanctaidd. Cawsom faddeuant wedi egluro mai mynd yno i dalu parch yr oeddem, ond cawsom ein cosbi mewn ffordd ryfedd hefyd, oherwydd 'roedd ein coesau wedi eu gorchuddio â hadau'r gwair oedd yn tyfu yn y cae, ac yn edrych yn gramennog fel y cen ar groen crocodeil! A dyna lle'r oeddynt yn glynu fel gelenod, a ninnau'n edrych fel pechaduriaid! Yr unig ffordd i gael 'madael ohonynt oedd eu tynnu fesul un — cannoedd ohonynt.

Yn y farchnad fawr ar y ffordd i'r cei y cefais i waredigaeth gan i dwmplen annwyl o hogan fach, fochgoch roi help llaw imi gael 'madael o'r hadau cebyst. Ond golygodd hyn imi golli'r dawnsio. Yn wir, collais ambell beth yn Tonga. Ni welais y llwynogod sy'n hedfan. Maent fel ystlumod ond yn fwy, a chanddynt glustiau a phen llwynog. Y teulu brenhinol yn unig sydd â'r hawl i'w hela.

'Chlywais i mo'r ffliwt sy'n cael ei chanu trwy'r trwyn chwaith. Mae'n bosibl canu chwe nodyn ond dim ond un ar y tro — un ffroen yn unig, a bawd y llaw chwith yn cau'r ffroen arall. Sŵn digon dolefus sydd iddi.

'Welais i mo Ynys Ninafo'on, ynys o fryniau tanllyd rhyw bedair milltir ar bymtheg sgwâr, chwech ohonynt yn lynnoedd o ddŵr chwilboeth. Yn y llynnoedd mae bryniau tanllyd, a llynnoedd eraill yn safn y rheiny, a bryniau yn codi o ganol y rheiny. Mae'n rhaid imi gyfaddef fod gen i ddiddordeb yn arwynebedd yr hen ddaear yma, a buaswn i wedi hoffi cael gweld. Clywais hanes am un o'r ynysoedd hyn sy'n ymddangos ac yn diflannu yn ôl ei mympwy. Ymddangos a diflannu wnaeth Tonga hefyd i mi. Gan ei bod mor isel ar wyneb y dŵr aeth o'r golwg yn chwap. Ond erys y cof am ei thrigolion, eu gwên a'u parodrwydd i helpu, eu diffuantrwydd a'u hawddgarwch. Tybed am ba hyd y gall aros fel ag y mae?

PAPAARA

Mae llyfrau di-ri' wedi eu hysgrifennu am Tahiti, deng mil o leiaf, medd rhywun, a hynny mewn llawer iaith, a rhai ohonynt yn bwysig iawn yn hanes ynysoedd Môr y De. Felly nid oeddwn yn fyr o lyfrau i gywain gwybodaeth am yr ynys cyn mynd yno ar drywydd y cenhadwr, John Davies. Gan imi gael fy ngeni ym Mhont Robert yn yr un ardal ym Maldwyn, cefais fy magu ar hanes y gŵr hwn, ac, fel pob merch fach, bûm wrthi'n creu f'ynys fy hun, rhyw Ynys Afallon hudol a delfrydol. Bob yn dipyn daeth enwau llongau i'r freuddwyd — *Endeavour, Beagle, Dolphin, Resolution*, ac yn ddiweddarach y *Duff*. 'Roeddwn wedi ymddeol cyn darllen llythyrau John Davies i'w gyfaill John Hughes, Pont Robert, ac astudio'n ofalus *The History of the Tahitian Mission* gan yr Awstraliad, C. W. Newbury. Felly 'doedd darllen *The Fatal Impact*, Alan Moorehead ddim cymaint â hynny o sioc i mi — er i un frawddeg fy sigo i'r byw. Sôn y mae o am Capten Cook yn cyrraedd yr ynys ar Ebrill 13, 1769, ac yn ychwanegu fod y trigolion yn hapusach yr adeg honno nad oedd ganddynt obaith i fod BYTH wedyn. Mae'n ddweud mawr, ond gyda'r morwyr daeth drylliau a chlefydau, ac alcohol, a chyda'r cenhadon daeth yr ymdrech i roi terfyn ar eu ffordd naturiol hapus o fyw, gan eu hargyhoeddi o bechod ac euogrwydd. 'Doedd dim raid iddynt weithio, a'r ynys ei hun mor doreithiog, gyda choed a phrysgwydd, ffrwythau a blodau ym mhobman. 'Roedd y tywydd yn hafaidd trwy gydol y flwyddyn, digonedd o fwyd o'u hamgylch, bananas, cnau coco, *breadfruit, yams*, a siwgrcên yn tyfu'n wyllt, pysgod yn y lagŵn, a moch dan y coed —

Gardd Eden yn wir, ond yn wahanol i Ardd Eden, 'doedd yma yr un neidr — dim nadredd o fath yn y byd, na'r un anifail peryglus. Pawb yn anllythrennog ddedwydd, yn treulio'r oriau yn chwarae a nofio, neu'n ymaflyd codwm, a charu a dilyn eu greddfau rhywiol yn rhywbeth hollol naturiol iddynt.

Sut ddylanwad fyddai hyn ar y gŵr ifanc o Bendugwm oedd yn mynd yno i bregethu efengyl y Duw Byw?

O'r môr y gwelais i'r ynys gynta', ac ni chefais drafferth yn y byd i gredu bod hon yn un o ynysoedd harddaf ein planed. O gopa Arofena, sydd dros saith mil o droedfeddi, i lawr i'r traethau, ymddangosai fel pe bai'n ymguddio dan hugan o felfed gwyrdd — dim adeilad, na thŷ na thwlc, yn y golwg yn unman — ynys werdd wedi ei hamgylchynu â breichled wen, sef y môr yn trochioni ar gwrel y rîff. Rhwng y rîff a'r traeth, y lagŵn yn pefrio o liwiau'r gemau mwyaf drudfawr — emrallt, saffir, *aquamarine, amethyst* a rhuddem. Dim rhyfedd bod cymaint wedi dewis y gair 'paradwys' i'w disgrifio! I gael mynediad i'r lagŵn rhaid oedd dilyn y sianel lle mae afon yn llifo i'r môr canys nid yw'r cwrel yn gallu byw mewn dŵr glân, a dyna pryd y gwelsom eglwys fechan wen ar fin y dŵr; o leiaf 'roedd peth o ôl y cenhadon i'w weld. Trodd y llong at y lan a daeth ffordd i'r golwg, a dyna lle'r oeddem yn dilyn y ffordd hon, mor agos ati nes teimlo ein bod yn mynd i Papeete ar hyd y ffordd fawr!

Papeete yw prifddinas yr ynys, ac yno fel ym mhobman arall gwaherddir hawl i unrhyw un godi adeilad sy'n uwch na phalmwydden. Dim rhyfedd nad oedd ond gwyrddlesni i'w weld o'r môr. Ar y cei yn disgwyl amdanom 'roedd grŵp o ferched glandeg yn eu sgertiau o wair, a pheraroglau blodau'r *frangipane* am eu gyddfau ac yn eu gwallt i'w glywed o erchwyn y llong. Dawnsient eu croeso yn heini a gosgeiddig a 'doedd dim posib' peidio â meddwl am ymateb y cenhadon cynnar i'r math hwn o groeso.

Wedi llythyru gyda'r cenhadon presennol, dyna siom oedd clywed nad oedd mwyach ddim o olion John Davies ar yr ynys. Ond penderfynais fynd pe ond i weld yr amgylchedd y bu'n gweithio ynddo am hanner can mlynedd, a hwyrach y gallwn ddod o hyd i un o'i lyfrau yn y Dahiteg, a chan fod fy ffrindiau wedi casglu tusw o rug o Bendugwm i roi ar ei fedd, fel y tybiem, teimlwn fy mod ar ryw fath o bererindod.

Pan oeddem newydd lanio daeth y Parchedig Giovanni Conté ar y bwrdd yn wên i gyd, yn dweud iddynt ddod o hyd i fedd John Davies. Mwy na hyn, gan iddo gael ei gladdu yn Papaara, ddeng milltir ar hugain i ffwrdd, 'roedd am fynd â mi yno yn ei gar. Wel!

Gwrthodwyd yn bendant ganiatâd imi fynd â'r grug efo mi, gan fod clwy'r traed a'r genau ym Mhrydain, a buasai unrhyw haint yn creu hafog i ecoleg yr ynys. Rhaid oedd plygu i'r drefn.

Yng nghartre'r cenhadwr 'roedd ffrind iddynt yn cychwyn allan i negeseua. Fe'i cyflwynwyd inni fel un o ddisgynyddion y Pennaeth Pomare, a gafodd dröedigaeth dan ddylanwad John Davies, a minnau bron neidio o lawenydd, gan imi gael cysylltiad uniongyrchol ag ef.

Gan fod Papaara hefyd ar ymyl y traeth, dilyn glan y môr yr oedd y ffordd. 'Roedd hi'n anodd imi gredu fy mod yno. 'Welais i erioed y fath dyfiant o goed a blodau. Mae yna dros gant o wahanol fathau o *hibiscus* yn blodeuo yno, a hyd yn oed y chwyn yn y ffosydd yn flodau lliwgar; yn wir, mae'r blodau'n ffrwydro'n bendramwngwl dros bopeth a'r pren *flamboya* yn un sgwd gwefreiddiol o flodau cochion.

Pentre' bychan oedd Papaara gydag eglwys o bren wedi ei saernïo yn y dull Tahitaidd, a thai yma ac acw dan y coed neu ar y traeth. 'Roedd y cenhadwr wedi trefnu imi gyfarfod gweinidog y lle, hen ŵr, dros ei bedwar ugain, yn siarad dim ond y Dahiteg. Dywedodd ei fod wedi clywed am John Davies, a'i ddewrder yn codi capel yn ymyl y deml awyr agored baganaidd, ond yn ystod ei oes ef ni wyddai am unrhyw un a fu'n holi am ei fedd.

'Dwn i ddim beth oeddwn yn ei ddisgwyl ond bedd mewn gardd oedd o, ar ochr y môr i'r ffordd fawr. Rhyngddo ef a'r tŷ 'roedd lein yn llawn o ddillad, ond nid oedd y garreg wastad a nodai'r fan yn cael ei amharchu mewn unrhyw ffordd, er bod y llythrennu'n dechrau mynd yn annelwig erbyn hyn. Ond gan mai pridd du folcanig sydd yn Tahiti, o sgeintio dipyn ohono dros y geiriau 'roedd yn weddol hawdd i'w ddarllen:

JOHN DAVIES

MISSIONARY
ARRIVED
IN THE SHIP
THE ROYAL ADMIRAL
JULY 1801

DIED
AUGUST 1855

L.M.S.

Yr hyn sydd yn creu syndod i mi, oedd y ffaith mai yng nghanol yr holl ysblander o flodau trofannol o'n cwmpas, blodau bach gwynion a fynnai dyfu wrth y bedd, blodau y gellid dychmygu eu gweld yn ei ardd ym Mhendugwm. 'Roedd yna dawelwch, diolch i'r drefn, neb yn y tŷ, a'r un ohonom yn dweud gair, a minnau'n cofio amdano'n marw yn y lle hwn, yn hen ŵr dros ei bedwar ugain, yn ddall, ac yn dioddef o'r hen glwy' trofannol *elephantiasis*, yn sylweddoli fod y gwaith y treuliodd ei fywyd ynddo, ac a fu unwaith yn llewyrchus, bellach yn dirywio. Hiraethai am lythyr o Bont Robert, a phan ddaeth, 'doedd yna neb i'w ddarllen iddo. 'Roedd hi'n foment ysgytiol i mi.

Mor ffortunus oeddwn i gael cenhadwr a gweinidog deallus efo mi, yn hytrach na rhyw *courier* slic ei dafod. Gwyddent fod arnaf eisiau synhwyro'r golygfeydd oedd yn rhan o'i fywyd bob dydd, ac aethpwyd â Ceri, fy ffrind, a minnau i dŷ un o aelodau'r capel, i eistedd yn dawel ar y feranda yn yfed sudd pinafal, a synfyfyrio. O'n blaen yr oedd y lagŵn a'r palmwydd yn gwyro'n chwil drosti. Ai hwn oedd y traeth a ddefnyddid ganddo i ddysgu'r plant i lythrennu? I'r cyfeiriad arall codai mynyddoedd pigfain dan eu trwch o brysgwydd — mor wahanol i ffriddoedd Maldwyn. Rhywle yn y coed 'roedd teml y duw Oro a fu'n gymaint o loes iddo.

Nid wyf yn debyg o anghofio un o'r temlau hyn. Teml i'r duw Oro — teml awyr agored mewn lle cudd — a rhaid oedd ymlwybro yno drwy'r fforest drofannol. Codai'r *marae* neu'r allor fawr lydan yn risiau yn y cefndir, honno wedi ei hadeiladu o gerrig bach crynion fel peli; coed a chwrel, cregyn, dail, a ffibrau yw defnyddiau crai Tahiti, *lava* yw'r garreg ac fe'i cedwid at bwrpas crefyddol yn unig. Yn pwyso arni 'roedd dau gerflun fflat, hyll o'r duw. Yn y fynedfa megis, wele silff uchel, lydan, o goch llachar, mor ofnadwy o lachar yn erbyn y gwyrddlesni a llwyd-ddu yr allor nes ei fod yn trywanu cannwyll y llygad. Ar y silff hon y cyflwynid yr offrwm. Gyferbyn â'r silff, wele do gwellt ar byst a chanŵ bychan odditano. Hwn oedd y canŵ a gariai'r offrwm gyda delw o'r duw i'r môr mawr, a gwae neb a gyffyrddai â'i gynnwys — cawsai ei daro'n farw yn y fan a'r lle. 'Roedd arswyd yn dal i hofran yma, a minnau'n meddwl am John Davies yn codi ei gapel o wiail ar drothwy teml fel hon. Dim rhyfedd iddo ddweud yn un o'i lythyrau ei fod yn methu cysgu'n aml, oherwydd sŵn byddarol tabyrddau, a therfysg ysgrechian y paganiaid.

Soniodd Giovanni Conté am ei waith fel athro, a minnau'n dyfynnu Dr Newbury yn rhestru pedwar ar bymtheg o gyfrolau yn y Dahiteg gan John Davies a chwech arall ar y cyd gyda Henry Nott a William Henry. Mae hyn ynddo'i hun yn gynnyrch trawiadol i un dyn, yn enwedig o gofio nad oedd iaith ysgrifenedig ar yr ynysoedd. John Davies gafodd y gwaith o glustfeinio ar air ac ymadrodd er mwyn safoni'r geiriau a'u gosod ar ddu a gwyn, a'r ffaith ei bod yn iaith o lafariaid yn ei gwneud yn fwy anodd byth.

Agwedd yn unig oedd hyn ar waith John Davies — cenhadwr, athro, ffermwr, cynghorwr, llythyrwr, argraffwr a mwy. Ynys yr arlunydd Gauguin yw Tahiti i lawer, ynys Pierre Loti neu'r ynys lle bu gwŷr y môr, Cook, Bougainville, a Wallis, i eraill, neu hwyrach mai hanes Capten Bligh a'r *Bounty* sy'n eu cynhyrfu, ond 'does dim gwobr am ddweud ynys pwy ydyw i mi.

Mae hi yn rhyfeddod, neu, yn hytrach rhyfeddod oedd hi pan fûm i yno — y lliwiau, y tyfiant, y blodau a'r arogleuon persawrus, yn union fel y disgrifiwyd hi yn y llyfrynnau teithio. Ond, hyd yn oed yr adeg honno, yr oedd llongau rhyfel Ffrainc yn yr harbwr, ac y mae'r ynys bellach wedi bod yn rhan o'r cynllun ffrwydro bomiau niwclear yn y Môr Tawel. Mae'n anodd credu bod yna 'baradwys' ar ôl ar ein daear erbyn hyn.

A'r grug? Safodd pedair ohonom wrth erchwyn y llong ar ei ffordd i'r môr mawr, a gollwng y tusw yn ofalus i'r lagŵn, a 'niolch innau am gael gwireddu breuddwyd yn llenwi fy nghalon, a'm hedmygedd o'r gŵr mawr hwn yn fwy nag erioed.

ROTORUA

I rywun fel fi, sydd wedi ei magu yng nghanol ffynhonnau, ffrydiau ac afonydd y Berwyn, a rheiny'n grisialu'n oer yn yr haf, ac yn rhewi yn ddigon caled inni sglefrio arnynt yn y gaeaf — 'roedd meddwl am Seland Newydd a'i ffynhonnau chwil-boeth nid yn unig yn creu chwilfrydedd ond, i ddweud y gwir, yn codi arswyd arnaf. Pa mor agos fyddem ni i'r tân anferth sy'n dal i losgi ym mherfeddion ein planed? Ond, serch hynny, pan ddaeth cyfle i dreulio tridiau yn Rotorua, mynd oedd raid, nid yn unig i weld y *geysers*, ond i gyfarfod y Maori sydd wedi ymgartrefu o gwmpas y dre'. Oedd, 'roedd gennyf fymryn o ofn o hyd gan fy mod yn ei chael hi'n anodd i ffrwyno fy nychymyg, yn enwedig ar ôl cael rhybudd gan un o'r teithwyr i gadw ar y llwybrau. Dangosodd y creithiau dychrynllyd ar ei goes imi gan egluro nad oedd ond wedi camu i un ochr i gael llun gwell o'r *geyser* yn chwythu, a dyna'i goes chwith dros ei phen mewn siglen eirias. 'Cewch ddigon o rybudd,' meddai, 'pan fydd gwadnau eich esgidiau yn boeth!' A meddai un arall bod cyfaill iddo wedi adeiladu byngalo, a brolio wrth bawb nad oedd angen gwres canolog am fod y tŷ mor gynnes a chlyd ond, un prynhawn, ffrwydrodd colofn o ddŵr poeth trwy lawr y parlwr ac allan drwy'r to! Arswyd y byd!

Mynd yno o Wellington, prifddinas Seland Newydd yr oeddem ni — mynd hefo car — ac yna dychwelyd i gwrdd â'r llong yn Auckland. Yn sicr, 'doedd yna ddim byd brawychus yn y golygfeydd hyfryd o'n cwmpas — gweirgloddiau breision, coed ac afonydd, ac ambell gip o lan y môr, canys nid oes unman yn Seland Newydd ymhell o'r traethau. Blodeuai'r *lupin* melyn ym mhobman hyd yn oed ymysg y graean, ac nid oedd yr arwydd leiaf o ager yn codi o'r ddaear. Yn wir, 'roeddwn i'n gwbl gartrefol — hyd yn hyn! — mewn gwlad oedd yn f'atgoffa o Ddyffryn Hafren, dôl ac afon, graen ar yr anifeiliaid, a glendid ym mhobman. Ac eto, nid oedd angen ond troi cornel i sylweddoli nad Cymru mo'r wlad yma — 'roedd y blodau'n wahanol, a'r coed, yn enwedig y coed — llawer ohonynt yn ddieithr iawn — gwahanol fathau o balmwydd, y coed rhedyn anhygoel, y coed *kauri* sy'n codi fel colofnau, llawer ohonynt cyn hyned â phileri'r Parthenon, ac yn sicr yn bod cyn i'r un dyn droedio'r tir. Heddiw cânt eu gwarchod, gan i gymaint gael eu torri i lawr gan y trigolion cynnar. Mae'n amlwg fod yma ddiddordeb mawr mewn coed a choedwigaeth — enwir Fforest Kaingaroa fel y fwyaf yn y byd a blannwyd gan ddynion. A dyna lwcus oeddem fod y *pohukawas* yn eu blodau, oherwydd dyma goeden Nadolig yr ynys. Mae yma goed fel y *lancewood* a'r *rimu*, nad ydynt i'w cael yn unman arall ar ein planed. Yr hyn sy'n fy swyno i yw'r modd y mae'r gwynt a'r môr wedi cludo hadau yma o Malaya, o Awstralia, a hyd yn oed o Antarctica pan oedd y tir diffaith hwnnw'n gynnes! 'Does dim diwedd ar y rhyfeddodau o'n cwmpas; er enghraifft allan o chwe deg pump o wahanol fathau o flodau sydd i'w cael yn Seland Newydd mae pob un ond tri yn perthyn yn wreiddiol i gyfandir America. Sut mae egluro hyn? A oedd y tir ar un adeg yn ymestyn o un cyfandir i'r llall? Mae'r coed yn rhyfeddod a'u henwau mor ddieithr — *miro, matai, kahikatea, rata, podocarp* ac yn y blaen a'r trigolion yn ymwybodol iawn o'r angen i'w gwarchod; mae'r NFAC wedi gofalu codi o leia' chwe choedwig yn ôl y map *(Native Forests Action Council)*.

Rhaid i minnau grybwyll y blodau, er nad wyf yn eu hadnabod. Dywedir mai yn Seland Newydd yn unig y ceir 75% ohonynt. Gwn am y *canna* a'r gwahanol fathau o *fuschia*, gwelais y *kowhai* hefyd a'i flodau melyn, ond am y gweddill, 'roeddynt yn ddigon dieithr i danlinellu'r ffaith nad oeddwn yn agos i Ddyffryn Hafren. Yn ddiddorol iawn 'roedd yno hefyd doreth o wahanol fathau o fwswgl, llawer ohonynt yn tyfu yno cyn i ddyn droedio'r tir (tua 800-900 A.D.).

Mae'n wlad hawdd iawn ymdroi ynddi, a rhaid i minnau gofio fy mod ar fy ffordd i Rotorua. Ond unwaith inni gyrraedd Parc Tongariro, daeth yr hen arswyd yn ôl, oherwydd wele dri llosgfynydd ac un ohonynt yn mygu — sef Ngauruhoe — ac yn edrych yn ddigon peryglus. Ruapehu a Tongariro oedd y lleill. Nid oedd Mynydd Egmont, yr un mwyaf siapus a lluniaidd ohonynt, i'w weld. Mae'n codi o dir amaethyddol Taranaki, ac yn 'cysgu' meddir. Maent i gyd â'u copaon yn eira claerwyn, ac i'w gweld yn eu gogoniant dros lesni gwefreiddiol Llyn Taupo — sef llyn mwyaf Seland Newydd — paradwys pysgotwyr. Bellach nid oedd yn bosibl anghofio ein bod yn nesáu at y ffynhonnau thermol, oherwydd i'n ffroenau daeth arogleuon brwmstan. Minnau'n cofio imi ddysgu unwaith, 'Ar yr annuwiolion y glawia efe faglau, tân a brwmstan, a phoethwynt ystormus'. Ofn y dieithr a'r anghyffredin sydd ar y rhan fwyaf ohonom.

Ar gyrion y dre' yr hyn a'm synnodd oedd gwelyau o *mesembryanthemums*, y blodau serennog hynny o bob lliw fydd yn sirioli'n gerddi ni yn yr haf, ond yma 'roeddynt yn disgleirio'n llachar fel pe bai gan bob blodyn lusern hud i'w oleuo. Tybed ai'r brwmstan yn y tir oedd yn gyfrifol?

'Roeddem yn aros yng Ngwesty Brett — gwesty moethus oedd yn ddigon da i'r Frenhines Elizabeth pan fu hi yno. Ymddangosai ei bensaernïaeth yn un cymhleth, gan fod gan bawb ystafell eistedd, ystafell wely ac ystafell ymolchi, a'r benbleth i mi oedd sut yn y byd eu bod mor breifat, a dim un ffenestr yn edrych at, na thros, ffenestr arall. 'Roedd yna fynd ar y pyllau nofio o ddŵr brwmstan ac, yn ôl yr hysbysiad, y baddonau o laid twym, iachus. Codi arswyd arnaf i wnaeth y cyfan, a phan euthum am dro a chanfod pyllau mân o ddŵr ar y ffordd yn berwi — yn llythrennol yn berwi — a'r bwrlwm i'w weld — brawychais. Dyma ni, heb weld na ffynnon na *geyser*, a'r dŵr eisoes yn berwi ym mhob pwll bach. Sut mae pobl yn mentro byw yn y fath le?

O do, fe gynhesodd gwadnau f'esgidiau hefyd, a hynny ar y llwybr oedd yn arwain at bwll ag ager yn prysur godi oddi arno. Dyma'r llwybr y cawsom ein rhybuddio rhag gwyro oddi arno i'r aswy nag i'r dde. Yn sicr, ni fuasai neb yn meddwl gwneud hyn yn fwriadol, oherwydd 'roedd y tir o'n hamgylch wedi ei orchuddio â chrystyn brau, llwyd yr olwg, a'r arogleuon mwyaf drewllyd yn codi ohono. Ond 'doedd hyn yn ddim mwy na rhagarweiniad i ofnadwyaeth y pwll. Ynddo, fel mewn pair mytholegol, 'roedd llaid yn berwi, ac yn ffrwtian fel uwd. Yn wir, codai stêm mewn llawer lle, a gwelsom un *geyser* yn chwydu pridd a cherrig am bellter i'r awyr. Crynai'r tir dan ein traed gan rym yr ynni cudd odditanom. Bu ymdrech i ddofi un o'r rhain er mwyn harneisio'r grym hwn, ond buan iawn y chwydwyd y blociau sment o'r neilltu, ac yno maent yn gorwedd yn ddiwerth. Ond yn Wairakei, maent wedi llwyddo i ddefnyddio'r ager i gynhyrchu trydan.

Pleser mawr oedd cael cyfarfod â rhai o'r Maori, y bobl annwyl sydd wedi defnyddio'r pŵer hwn i hwyluso eu swyddi bob dydd. Gallent hwy fy nenu'n ôl er gwaetha'r brwmstan a'r bygythiadau tanddaearol. Hwynt-hwy neu eu cyn-dadau Polynesaidd oedd trigolion cyntaf Seland Newydd — tua mil o flynyddoedd yn ôl. Mae yna sawl damcaniaeth ar sut y bu iddynt ddod o hyd i'r ynysoedd hyn. Un sy'n swnio'n rhesymegol yw iddynt ddrifftio yno'n ddamweiniol ar y cerrynt, neu gael eu chwythu yno gan stormydd, a'i bod yn amhosibl iddynt rwyfo'n ôl yn erbyn y cerrynt a'r gwyntoedd. Ymddengys nad Maori oedd yr ymfudwyr cyntaf yma, ond eu bod hwy — y Maori — o'r un tras a chanddynt well offer a mwy o gymwysterau at fyw.

Mae angen llyfr i groniclo eu hanes yn gryno — eu hymdrechion i fyw, i warchod eu diwylliant a'u crefydd, i osod eu traddodiadau ar gof a chadw, yn ddawnsfeydd, crefftau, gwisgoedd, a chaneuon, yn ogystal â barddoniaeth. Fel trigolion holl ynysoedd Môr y De maent yn hynod o g esawus, ac fe gawsom ni ein tywys, nid yn unig oddi amgylch y *Pa* sy'n esiampl o bentref caerog, ac yn amgueddfa Sain Ffaganaidd, ond hefyd i'w cartrefi ar ben y bryn.

'Roedd y *Pa* wedi ei amgylchynu â ffens neu balis uchel o byst, yr adeiladau hefyd o bren a hwnnw wedi ei gerfio'n gywrain. Y mwyaf ohonynt oedd y 'tŷ cwrdd' — man cyfarfod i ganu a dawnsio, i wrando ar areithiau ac i setlo problemau. Keri oedd enw'r ferch hyfryd a ofalai amdanom a'i gwisg o'i phen i'w thraed yn goch llachar. Nid oedd dodrefn yn y tai, cysgent ar fatiau, a'r rheiny'n cael eu rholio i fyny yn ystod y dydd. Coginid a bwyteid pob bwyd yn yr awyr agored. Adeilad pwysig oedd y pantri, hwn hefyd ar ffurf tŷ wedi ei osod ar bolyn i gadw pob anifail draw.

Gwisgai'r gwŷr a'r gwragedd ddillad tebyg i'w gilydd, ac fel yn y gweddill o Polynesia datblygodd y rhain i fod yn batrymog a lliwgar. Yn hytrach na defnyddio *tapa* fel llawer o'r ynysoedd, maent yn crafu'r ffibr o ddail gwyrdd llin ac yn ei drafod nes ei fod mor llyfn â sidan, yna'n gwneud ffrâm wau syml trwy osod ffyn i mewn yn y tir a gwau rhyngddynt. Cymerai fisoedd i wau clogyn, ond tyfai'n rhywbeth arbennig iawn, ac yn un o drysorau'r teulu. Gosodir gwerth uchel ar garreg werdd sydd i'w chael yno, ac wrth gwrs ar y *tiki*, y creadur bach hyll sy'n cael ei grogi ar gadwyn a'i wisgo am y gwddf. Yn yr hen amser yr addurniadau mwyaf pwysig, yn enwedig i ddyn, oedd y *moko* neu'r tatŵ ar ei wyneb.

'Doedd dim posib' peidio â sylwi ar y troelli sydd yn eu dylunio — troelli dwbl bob tro, a dyna falch oeddwn i gael ymweld ag Ysgol Gerfio Rotorua. Y pren sy'n cael ei ddefnyddio yw y *totara* a'r cŷn yn garreg ddu neu werdd wedi ei rhwymo'n dynn mewn carn pren. Yn yr hen amser, asgwrn morfil oedd yr ordd.

Ar y ffordd yn ôl i'r gwesty aethom i mewn i'r eglwys Anglicanaidd. Sut oeddynt yn mentro adeiladu eglwys yn y fath le 'dwn i ddim, canys wedi cawod o law 'roedd y pyllau bach yn y ffordd yn dal i ferwi! Oddi mewn 'roedd y gwaith pren yn werth ei weld, hwnnw hefyd yn hynod o gywrain ac wedi ei gerfio'n gymhleth. 'Roedd y ffenestr fawr yn y talcen yn wahanol i bob ffenestr a welais erioed, canys drwyddi yr oedd Llyn Rotorua, ac arni wele'r Arglwydd Iesu, yn edrych yr un ffunud â phe bai'n cerdded ar y dŵr. 'Roedd mor fyw nes ein syfrdanu, bob un ohonom.

Wedi cinio'r nos, aethpwyd â ni i neuadd fawr i weld y dawnsio ac i glywed y canu. Yn wir, yng nghanu Tonga, ac yng nghanu'r Maori, mae yna dinc o ganu Cymru, am eu bod yn canu mewn pedwar llais, ac yn gwneud hynny'n naturiol. 'Roedd yna bwrpas i bob cân meddir, i ddanfon neges at gariad, neu i ofyn am help, neu i fagu dewrder, neu yn wir i gael awdurdod dros elynion. Yr *haka* yw'r ddawns gafodd yr effaith fwyaf arnaf i; gall estyn croeso ond gall hefyd fod yn her, a dyna pryd fydd yr ystumiau yn ddigon i godi braw ar unrhyw un!

Fel pob Cymro 'roedd yn rhaid i mi gael holi am yr iaith, a'r ateb gefais oedd ei bod yn anodd rhoi barn glir. Dywedodd Keri fod ei chenhedlaeth hi yn dal i'w siarad, ond fod y rhai ifanc yn tueddu i'w hesgeuluso. Ond wedyn mynnai rhai o'r ieuenctid fod to ohonynt yn codi sy'n mynnu adfywio'r iaith. Gobeithio nad yw hon fel llawer iaith arall yn mynd i fod yn un o 'ieithoedd diflanedig' Waldo. Trist oedd Keri, yn gweld ieuenctid yn heidio i'r trefydd; nid oedd yn eu beio, ond ofnai iddynt anghofio eu diwylliant. Daw'r merched â'u golchi adre', am fod pyllau naturiol o ddŵr poeth o gwmpas y pentre'; daw'r bechgyn adre' i gael bath am yr un rheswm, ond yn ôl â nhw. Ond ymddangosai'r corau yn llawn o aelodau selog, brwd- frydig, ac yr oedd y dawnswyr yn heini ac egnïol. Ond ni fynnai Keri ei chysuro; cyn bo hir, meddai, ar y cae rygbi yn unig y gwelir y Maori. Tewais innau wrth gofio am genedl arall lle mae miloedd ohonynt yn Gymry ar y cae rygbi.

SANTIAGO de COMPOSTELA

Dyma'r ddinas yng Ngogledd Sbaen gyda chysylltiadau trwy rwydwaith o ffyrdd â'r holl wledydd o fewn ei chyrraedd — dinas Sant Iago o Faes y Sêr. Dywedir bod yma ar ddechrau'r nawfed ganrif gell meudwy, ac i'r ancr oedd yn trigo ynddi glywed cerddoriaeth a gweld goleuadau'n pelydru mewn coedlan gyfagos. Aeth i ddweud wrth yr Esgob Teodomiro ac ef, meddir, fu'n gyfrifol am ddarganfod gweddillion yr Apostol Iago, a dau o'i ddisgyblion, yn y fan a'r lle. Chwi gofiwch yn ôl Llyfr yr Actau i Herod 'ladd Iago brawd Ioan â'r cleddyf'. Dywedir i'w ddisgyblion gario ei weddillion i Sbaen i Iria Flavia ar lan y môr yn Galicia, ac yna eu claddu yn y fan a ddaeth ymhen canrifoedd yn Santiago de Compostela. Oherwydd y rhyfeloedd a goresgyniad y Barbariaid bu raid i'r Cristnogion guddio eu creiriau ac, wrth gwrs, mae'n naturiol i'r cof ballu yn nhreigl y blynyddoedd. Dyna'r rheswm a roddir paham na ddaethpwyd o hyd i fedd yr Apostol tan y nawfed ganrif. Aeth y newydd ar led trwy wledydd cred, a dyma ddechrau'r pererindota i Santiago.

'Roedd pererindota yn rhan bwysig o fywyd y cyfnod. Dywed Gildas: 'Yr oedd ymdeithio iddynt nid yn gymaint o ludded ag o fwynhad.' Er bod llawer o Gymry yn mynd i Dyddewi, Enlli, Ffynnon Gwenffrewi a Chaer-gaint yr oedd llawer ohonynt yn mentro ymhellach hefyd.

Tybed a oedd Rhys Llwyd ap Rhys ap Rhisiart yn dioddef o salwch y môr pan ganodd:

Ni cheir myned dan chwarae
I Enlli mwy'n y lle mae,
Doed hithau, da y tuthir
Ynys deg, yn nes i dir.

Ystyrid gan rai fod pererindod i Gaersalem yn anhepgor, ac
wedyn Rhufain a Santiago de Compostela. Canodd Lewis
Glyn Cothi —

Tair ffynnon gwynion eu gwedd
Draw a geir i'r drugaredd,
Y Bedd, a Sain Siam, drwy'r byd
A Rhufain a geir hefyd.

Yr oedd yr holl deithio yn creu angen am ddarparu ar gyfer
yr holl bererinion — angen am ffyrdd, am ddillad pwrpasol,
llety ar y ffordd, help cyfreithiol, help ysbrydol, gofal iechyd, a
lloches mewn afiechyd. Daeth y pererin yn gymeriad hawdd i'w
adnabod mewn pryd a gwedd, yn ogystal ag yn ei ymarweddiad.
Mae darluniau a cherfluniau ohono i'w gweld ar hyd y daith yn
ei het cantal lydan i'w gysgodi rhag yr haul a'r glaw, côt fawr yn
cynnwys clogyn dros yr ysgwyddau, rhag yr oerni a'r eira,
esgidiau cryfion gan fod y ffordd yn faith a charegog, ffon neu
bastwn, nid yn unig i'w gynorthwyo i fyny ac i lawr y rhiwiau,
ond yn arf i'w wared rhag cŵn ac anifeiliaid eraill. Yn crogi o'r
ffon neu o'i wregys yr oedd potel ledr i gario dŵr neu win rhag
lludded, ac ysgrepan yn dal ychydig o fwyd, ac arian hwyrach.
Ac yr oedd gan bob un ohonynt fathodyn, sef cragen sgalop.
Gwneid defnydd o'r Codex Calixtinus, llawysgrif hyfryd o'r
seithfed ganrif, i gyfarwyddo'r teithwyr oedd yn tramwyo trwy
Ffrainc. Tybed ai hwn oedd y Llyfr Taith cyntaf? Mae'n
dangos y pellter rhwng y trefi, yn nodi pa le i gael noddfa ar y
siwrne', pa fath fwyd sydd yn y fan a'r fan, a yw dŵr y nentydd
yn addas i'w yfed, disgrifiad o frodorion hefyd, eu cymeriad a'r
arferion lleol. Ceir hyd yn oed restr o eiriau yn iaith y Basgiaid i
hwyluso'r daith trwy'r wlad.

Rotorua. Trochion geyser.

Rotorua. Pantri Maori

Santiago. Allor y Sant.

Willemstad. Y Dylanwad Iseldirol.

Willemstad. Stondin Sgwner.

Mae rhywun yn synnu ac yn rhyfeddu at y rhwydwaith effeithiol o gyfarwyddyd a chynorthwy a drefnwyd er budd y pererinion hyn. Yn naturiol, 'roedd pob eglwys, abaty, mynachdy a chadeirlan yn rhan o'r cynllun i ofalu am swcwr ysbrydol. 'Roedd arnynt angen cyffwrdd y gweledig i synhwyro'r anweledig. Daeth miloedd ar filoedd i Santiago, nid yn unig o'r gwledydd cyfagos, ond o Sgandinafia, Rwsia, Twrci, Gwlad Groeg, yr Aifft, Ethiopia, a'r India bell. Enwir pedair ffordd bwysig drwy Ffrainc, a'r pedair yn cyfarfod yn Ronsyfal. Deuai'r Cristnogion Arabaidd drwy Sbaen gyda phererinion Cantabria, a llawer o Brydain dros y môr i borth-laddoedd fel Corunna a Noya. 'Roedd y gwledydd yn fyw o bererinion a daeth y ffyrdd yn ddylanwad nid yn unig i uno'r gwledydd ond i greu pensaernïaeth arbennig iawn; adeiladwyd eglwysi â digon o le i laweroedd ynddynt, gyda chapeli agored ar hyd yr ystlysau i alluogi'r tyrfaoedd i weld y creiriau a'r cerfluniau — llawer ohonynt yn portreadu Iago ei hun, weithiau fel pererin, weithiau'n marchogaeth neu'n penlinio, yn aml fel Efengylydd ac ambell waith yn brwydro yn erbyn yr annuwiol.

Cywilyddiais wrth feddwl cyn lleied a wyddwn am Iago — mab Sebedeus, brawd Ioan, disgybl ac apostol ac awdur yr adnodau sy'n sôn am fod yn wneuthurwyr y Gair, ac nid yn wrandawyr yn unig a 'Caffed amynedd ei pherffaith waith' a 'Ffydd heb weithredoedd, marw yw'. Paham tybed y sonnir am y ddau frawd fel Iago ac Ioan, 'James *and* John' yn Saesneg hefyd, byth Ioan ac Iago. Ai Iago oedd yr hynaf? Euthum i chwilio'r Ysgrythur. Llythyr byr yw ei Epistol yn llawn o gyfarwyddiadau at fyw'n rhinweddol a'r rheiny'n hawdd i'w deall a'u cofio — gofalu am bobl 'ymweled â'r gwragedd gweddwon a'r amddifaid yn eu hadfyd'. Mae'n llawn doethineb — 'Gŵr dauddyblyg ei feddwl sydd anwastad yn ei holl ffyrdd' a chysur — 'Llawer a ddichon taer weddi'r cyfiawn'. Mae'n dweud yn glir ac yn syml sut y gellir 'cadw enaid rhag angau'. A chan ei fod yn cyfeirio ei lythyr at 'y deuddeg llwyth sydd ar wasgar' 'rwyf fi, beth bynnag, yn fodlon derbyn fod gan Compostela hawl arno.

'Doedd hi fawr o fore pan gychwynasom o Vigo. Diwrnod i gôt law, cymylau duon, ac ambell sgip o gawod. Wedi troelli trwy'r trefi a'r pentrefi 'roedd yn syndod imi weld fod Santiago de Compostela yng nghanol gwlad agored, a'r eglwys anferth yn codi o ganol y toau cochddu o'i chwmpas. 'Roeddynt yn cynhesu'r lle, ac yn diddymu'r olwg stormus oedd ar y cymylau. Dinas ganoloesol yw'r ddinas, er bod fflatiau a thai modern ar y cyrion. Deuai'r eglwys i'n golwg fwyfwy, nes o'r diwedd inni gyrraedd y Plaza del Oradoira, a gweld y ddau dŵr anferth yn saethu i'r awyr. F'argraff gynta' oedd fod y lle yn rhy fawr. 'Doedd dim synnwyr yn y fath aruthredd! Mae eglwys San Pedr yn Rhufain yn fawr, ond gellir sefyll o bell a'i gweld hi yn ei chyfanrwydd; eithr yma, gan fod y sgwâr yn llai o lawer, codi penstandod wnâi edrych i fyny. Ond mae i hon bedwar sgwâr, a phob un ohonynt yn pwysleisio ei maint a'i godidog-rwydd. A oedd yn bosibl addoli mewn lle fel hwn? Go brin i ferch oedd yn pererindota i Bennant Melangell.

Dechreuodd bigo bwrw, a dyma gyflymu i fyny'r grisiau tua'r porth — grisiau gosgeiddig yn codi o'r ddwy ochr ac yn cyfarfod o flaen y drws mawr. Ai hwn yw'r porth y clywais gymaint amdano — Porth y Gogoniant, gogoniant pob porth? I mewn â ni, a methu symud. O'n blaen yr oedd creadigaeth syfrdanol y cerflunydd enwog, Mateo. Hwn oedd yr Obradoiro. A minnau wedi meddwl fod carreg a marmor yn tueddu i fferu cymeriadau ond, yma, wele dros ddau gant o gerfluniau, wedi eu gosod yn un golygfa fyw o'n blaen, yn sgwrsio, yn canu, ac yn addoli, yn broffwydi a disgyblion, yn hen wŷr ac yn ifanc, pawb yno yn mawrygu Crist, a Iago yn llywyddu dros y cyfan.

Mae'n anodd disgrifio'r fath gyfoeth. Dan y cyfan saif colofn fain yn edrych fel pe bai yn ei gynnal. Mae hi'n portreadu llinach Crist. 'Yna y daw allan wialen o gyff Jesse, a blaguryn a dyf o'i wraidd ef.' Mae'r golofn ar ffurf coeden, a Iago yn eistedd uwch ei phen, ei wyneb yn hardd, ei groen yn llyfn, a'i farf yn gyrliog. I'r chwith ac i'r dde o'r fynedfa, wele ddwy golofn braff — y proffwydi yn amgylchynu un, a'r Efengylwyr y llall. Ni welais yn fy myw gerfluniau mor naturiol — Moses yn cario'r tablau, Eseia fel pe bai'n proffwydo gwae, Daniel â'i wên ddireidus (gwên fwyaf nefolaidd yr Oesoedd Canol, yn ôl rhai) Jeremeia yn drist yr olwg, pob un yn hollol naturiol, ac ar y dde — Pedr a'i oriadau, Paul yn colli'i wallt, Iago â'i wyneb yr un ffunud â'r cerflun, Ioan yn fachgennaidd lân, pob un yn hawdd i'w hadnabod, eu dillad a'u clogau yn wahanol ac yn crogi mor naturiol a gosgeiddig nes ei bod yn anodd credu iddynt gael eu cerfio o garreg.

Uwchben y cyfan, wele'r Trypanwm yn un bwa mawr. Y Crist Atgyfodedig yn eistedd yn y canol, ei ddwylo, ei draed a'i ystlys yn dangos ei glwyfau, ac yn hanner cylch o'i gwmpas y pedwar henwr ar hugain yn tiwnio eu hofferynnau cerdd: telynau, sitarau, fiolau, psalterau ac offerynnau chwyth, a rhyw fath o hyrdi-gyrdi (*zanfona*) sy'n nodweddiadol o'r rhan hon o'r wlad. Y rhain hefyd yn ymddangos fel pe baent yn sgwrsio'n hamddenol â'i gilydd. Ar bob ochr i'r Crist eistedd Mathew, Marc, Luc a Ioan yn brysur yn 'sgrifennu'r efengylau. Mae yna angylion a 'dwn i ddim faint o blant bach yn portreadu'r gwynfydedig yn cael eu cyrchu i'r nefoedd a'r pechaduriaid sydd wedi eu tynghedu i uffern yr ochr arall.

'Roeddwn i'n dal yn fud — yr holl gyfoeth gweladwy hwn cyn rhoi troed yn y gadeirlan. Yn wir, mae'n amhosibl amgyffred ei maint — ei chorff bron yn bedair mil o droedfeddi, ac ynddi'r thuser mwyaf yn y byd — hwnnw'n crogi ar raffau yn cael eu tynnu gan ddynion, a'i chwifio fel pendil mawreddog o un pen i'r llall, a'r arogl-darth yn byseddu'n batrymau o gwmpas y nenfwd uchel. Wel, pawb at y peth y bo, ond 'dallwn i ddim anghofio Tom Nefyn yn pregethu yng Nghapel bach y Gad ar noson o haf, ac ambell aderyn yn pyncio ei Amen drwy'r bregeth. Cymraes ac aelod o'r Hen Gorff ydw i!

Nesáu at yr allor a chael ein dallu gan ei gwychder. Mae'r Sant ei hun yn eistedd yn y canol, ac er mai gwisg y pererin, ar wahân i'r goron ar ei ben, sydd amdano, mae'r gorwychder yn syrffed i mi. Cyfeiria bys ei law dde ar i lawr lle mae'r crypt a'i feddrod ac yno, am y tro cynta', y teimlais i fy mod ar bererindod. Hwn oedd cysegr sancteiddiolaf Compostela. Gorwedd ei weddillion mewn cist fawr arian wedi ei haddurno'n gymen, yn sefyll ar allor ddigon cyffredin. Yn y tawelwch 'roeddwn i'n ymwybodol iawn o'r pererinion fu yno ar hyd y canrifoedd, eu hymdrech, eu dyfalbarhad a'u ffydd. Hyd heddiw, dyma Faes y Sêr i mi. Nid fy mod yn debyg o anghofio'r Portico de la Gloria, na'r eglwys anferth, ond gwyrthiau i synnu a rhyfeddu atynt oedd y rheiny — i lawr yn y crypt y teimlais i'r naws.

Trefnwyd pryd o fwyd inni yn yr Ysbyty Frenhinol — Hostal de las Reyes Catolicos — yr hostel a roddwyd gan y brenhinoedd er budd y pererinion — sy'n westy moethus erbyn hyn, ond a fu'n ganolfan lles pwysig am ganrifoedd. Mae'r porth sy'n arwain i mewn i'r adeilad hwn hefyd yn hynod o gain, yn wir mae'r holl westy o bwys pensaernïol.

Ac i ddychwelyd o'r Oesoedd Canol i'r byd presennol, nid wyf yn debyg o anghofio'r pryd bwyd hwnnw. Am y tro cyntaf cefais flasu *bombe*, y pwdin egsotic sydd â hufen iâ yn cuddio yng nghanol *meringue* a'r cyfan wedi ei gladdu mewn hufen! Bobl bach! Mor fuan yr anghofir treialon y pererinion yng nghanol moethusrwydd yr oes hon!

Cymysgfa od oedd Santiago de Compostela i mi — man lle'r oedd y pererinion yn golygu mwy na'r eglwys fawr oedd yn tra-arglwyddiaethu ar y ddinas. Mae'n rhyfeddod inni heddiw fod pererindota'r Oesoedd Canol wedi cael y fath afael ar bobl. Ond dyna, credent mai pwrpas bywyd oedd chwilio am Dduw, ac yr oedd y creiriau a'r beddrodau a'r capeli ar y ffordd, i gyd yn gysylltiedig â'u hiachawdwriaeth.

Mae'n swnio'n fyd delfrydol, ond, wrth gwrs, 'roedd yna ochr arall i'r geiniog — tafarnwyr yn cymryd mantais ar bererinion lluddedig — rhoi gwin da iddynt i'w brofi, ac ychwanegu dŵr at y gweddill — defnyddio mesurau ffug i bwyso barlys — weithiau'n ychwanegu rhyw gyffur i'r diodydd i'w meddwi er mwyn lladrata eu heiddo.

Rhaid imi gyfaddef mai'r pererinion a'u hynt a'u helynt oedd yn mynd â 'mryd — eu parodrwydd i gychwyn ar y fath daith. Ai'r ymdrech yn wyneb yr holl anawsterau ynteu 'cyrraedd' y man cysegredig hwn a'u galluogodd i ddod i gysylltiad â Duw? 'Roeddwn i'n ei chael hi'n amhosibl i werthfawrogi Maes y Sêr ar wahân i'r pererinion. Hwy oedd y wyrth fwyaf. Yn wir, 'roedd gennyf gywilydd mynd o gwmpas fel twrist.

WILLEMSTAD

Prifddinas y Netherlands Antilles yw Willemstad. Pedair awr ar hugain y bûm i yno, a hwyrach ei bod hi'n deg dweud na wn i ddim am y lle. Hwyrach fy mod yn haerllug, ond gan i mi syrthio mewn cariad â'r lle 'rwyf am fentro.

Ar ynys fechan greigiog o fewn pymtheg milltir ar hugain i forlin gogleddol De America — ynys Curaçao — y saif Willemstad. I lawer o bobl, gwirod o groen orennau yw Curaçao, ond rhaid cyfaddef nad oedd dim byd mor egsotig yn yr olwg gyntaf o'r ynys — dim orennau, dim arogleuon persawrus blodau'r trofannau chwaith, na'r hyn oeddwn i wedi disgwyl mor eiddgar amdano, sef rhyw chwa o awelon syn-hwyrus a fyddai'n f'ysgytio i sylweddoli fod cyfandir anferth De America, yr Andes, yr Amazon, a'r jyngl ar ein trothwy. Na, dim byd o'r fath. Yn hytrach 'roedd yr aer yn drewi o arogleuon petrol, a dim i'w weld ond purfa olew anferth, un o'r rhai mwyaf yn y byd i gyd. Beth mewn difri' calon pe bawn wedi trefnu i dreulio'r diwrnod yn torheulo ar ddec y llong? Rhyw uffern o le fyddai Curaçao i mi.

Mae sawl ynys yn yr Antilles, ynysoedd bach i gyd. Curaçao ei hun, nad yw ond deunaw milltir o hyd, a rhwng dwy filltir a hanner a saith milltir o led. Mae ganddi hunanlywodraeth er yr Ail Ryfel Byd, ym mhob maes ond amddiffyn a chysylltiadau tramor. Heddiw, y perygl mwyaf yw i rywun esgeulus danio matsien o fewn cylch gwahardd y burfa olew. Dim rhyfedd fod llygaid barcud gwylwyr a phlismyn yn gwylio'n ddi-baid, oherwydd gallai damwain chwythu'r ynys i gyd i ebargofiant. O Venezuela y daw'r olew amrwd, ac wrth gwrs daw â chyfoeth i'r ynys ac ambell hwylustod, megis Maes Golff Shell — cyfoeth, pleser, a pherygl yn ei sgîl.

Mor wahanol oedd y brifddinas, Willemstad. Edrychai fel darlun o lyfr y Tylwyth Teg. 'Roedd dylanwad Iseldirol cryf i'w weld ar y bensaernïaeth. Ac am i un o'r llywodraethwyr gwyno fod y tai gwyn llachar yn ei ddallu a chodi cur yn ei ben, aed ati i liwio'r adeiladau â lliwiau pastel esmwyth i'r llygad, ac yn union yr un fath â'r Iseldiroedd mae pob man yn hynod o lân a chymen.

Tybiaf ei bod yn un o'r trefi hawsaf yn y byd i grwydro ynddi. Dywedir bod pob un o'r trigolion yn siarad pedair iaith — plant pedairieithog! Gwarchod pawb! Serch hynny, Papiamento yw'r iaith swyddogol.

'Roedd hi'n fore hyfryd, ond pa werth oedd pedair awr ar hugain i ferch sydd wedi ymgodymu â dysgu dwy iaith i blantos ac yn awchus i wybod sut oedd y trigolion yn ymdopi â phedair. Y siopau amdani. Ond wyddoch chi 'doedd yna'r un problem o gwbl. Y gwahaniaeth mawr cyn belled ag y gwelwn i, oedd fod angen yr ieithoedd yma arnynt — nid dysgu o ddyletswydd neu orfodaeth — nid dysgu yn ffurfiol chwaith, ond defnyddio iaith — ieithoedd — i bwrpas masnach a bywyd bob dydd. Sôn am siarad yr ydw i, oherwydd 'dwn i ddim am eu llenyddiaeth. Yn Sbaeneg a Saesneg yr oedd y llyfrau clawr papur a welais i. Ond sôn am anelu at ddwyieithrwydd yng Nghymru, mewn pum munud clywais y merched y tu ôl i'r cownteri yn siarad pedair iaith — sgwrs ddiddorol yn y Sbaeneg am ddillad ymdrochi, troi i'r Iseldireg i gyfeirio cwpl graenus i'r Parc, egluro i mi yn Saesneg y gallwn gael trin fy ngwallt yn y siop a dweud y drefn wrth hogyn yn yr iaith frodorol. A phan holais sawl iaith oedd yn cael ei siarad dywedodd fod yna ferch yn adran y gemau yn siarad Hebraeg, ac un yn adran y camerâu yn siarad Almaeneg ac ychwanegodd nad oedd neb hyd yn hyn yn siarad Siapanaeg! Wel wir!

Yn Breede Straat yr oeddem, stryd boblogaidd a digon o nwyddau i'w cael am brisiau rhesymol — rhai pethau yn amlwg o'r Iseldiroedd — llestri Delft, doliau ac yn y blaen, ond 'roedd yn well gennyf i'r crefftau lleol o gwrel a chregyn, llawer ohonynt o'r ynys gyfagos, Bonaire, ynys y fflamingo, y rheiny hefyd yn ddigon o ryfeddod.

Ond, am unwaith, 'roedd gennyf fwy o ddiddordeb mewn rhyfeddodau gwahanol, ac wedi cael goleuni ar y ffeithiau ieithyddol, nid oeddwn am wastraffu f'amser mewn siopau.

Yma y mae Mikve Israel, y synagog hynaf yn yr Hemisffer Gorllewinol. Ei enw iawn yw Mikve Israel Emanuel, ac y mae'n dyddio o'r flwyddyn 1732. Bob un diwrnod yn ddiwahân fe sgeintir y llawr â thywod glân i gadw mewn cof daith yr Israel-iaid drwy'r anialwch. 'Roedd iddo nenfwd hardd o bren *mahogany*, ond 'roedd fy niddordeb i yn y llawr gan gymaint fy hoffter plentynnaidd o storïau. Fel y gellid disgwyl mae yn y dre' fynwent Iddewig yn cael ei chadw gyda'r parch eitha', ac yn cael ei harddangos gyda balchder i ymwelwyr.

Am wn i nad oes yma eglwysi yn perthyn i bob enwad ac un fodern wahanol iawn i bob eglwys arall; eglwys Eciwmenaidd oedd hon, a Seren Dafydd yn datgan fod ynddi groeso i'r Iddew yn ogystal â chenedl-ddyn. Yn y canol yr oedd yr allor a gwahanol lefydd i addoli o'i chwmpas. Y rhyfeddod i mi oedd gweld pwll dŵr â physgod aur yn nofio'n braf ynddo, heb fod ymhell o'r allor. Eglwys yn llawn goleuni oedd hi â blodau ym mhobman, blodau gwyn i gyd — llawer ohonynt yn ddieithr i mi.

Rhaid imi beidio ag ymdroi mewn eglwysi, oherwydd 'roedd y dre' ei hun mor ddiddorol — mae yma swyn a chyfaredd, a llongau mawr yn hwylio trwy ganol y dre' ar y gamlas sy'n ei rhannu yn *Punda* (yr ochr yma) a *Otrapunda* (yr ochr draw). Pan ddaw'r llongau bydd y Frenhines Emma, sef pont ar gychod, yn symud o'r neilltu i wneud lle iddynt. Dyma'r adeg y bydd y trigolion yn rhuthro ar y fferi i gael croesi am ddim. Enwau breninesau'r Iseldiroedd sydd ar y pontydd — Pont Wilhelmina, sy'n bont godi (*draw bridge*) a Phont Juliana, sydd fel Pont Telford wedi ei hadeiladu yn uchel dros y gamlas. Synnais glywed am brysurdeb eithriadol y porthladd. Mae'n dod yn bumed yn rhestr porthladdoedd prysur y byd. Mae'n dwyn i gof yr adeg pan oedd yr Iseldirwyr yn nechrau'r ail ganrif ar bymtheg â busnes yn yr India a'r ynysoedd cyfagos yn ogystal â'r Gorllewin, yr adeg y daeth y Dutch East India Company a'r Dutch West India Company yn enwau pwysig ym myd masnach. Erbyn canol y ddeunawfed ganrif 'roedd y Fasnach Affricanaidd wedi cynyddu y tu hwnt i bob disgwyl, ac wedi ei seilio ar un nwydd yn unig — caethweision yn cael eu cludo i weithio ar y planhigfeydd yn America. Yr arloeswyr oedd Cwmni'r Dutch West Indies, ac ar un adeg 'roedd yr ynysoedd hyn yn frith o gaethweision. Yn Bonaire ac yn Curaçao 'roedd eu cytiau nid yn unig i'w gweld, ond yn cael eu cadw fel math o amgueddfa — rhesi o gytiau, fawr gwell na chytiau moch. Mae'n saga fawr ond, ar yr wyneb, ar y stryd-oedd, yn y siopau, ac yn y gwestyau yn Willemstad heddiw, ymddengys y dyn tywyll ei groen a'r dyn gwyn fel pe baent yn cyd-fyw'n hapus a chyfeillgar.

Ond nid yw'r cyfnod hwn yn cael mynd yn angof chwaith fel y dengys y cloc mawr yn Breede Straat. Mae iddo driongl mawr o glychau sydd fel pob cloc dinesig yn canu bob chwarter awr. Ond nid Sain Siôr yn lladd y ddraig, neu res o apostolion duwiolfrydig yn cylchynu i danlinellu'r awr sydd yma, fel ar lawer cloc dinesig yn Ewrop, ond colofn o gaethweision yn wŷr a gwragedd yn ymlwybro'n fusgrell dan eu pwn. Na, nid ydynt wedi anghofio'r hen ddioddefaint.

Pan ddaw'n amser pryd, mae yna ddigon o ddewis — bwydydd Ffrainc, Venezuela, Tsieina, Java, yr Iseldiroedd, yr Eidal, America, ac wrth gwrs, Curaçao ei hun. Digonedd o dai bwyta yn cynnig pob math o enllyn a blasusfwyd. Ond os am gyfarfod y bobl leol yn hytrach na thwristiaid, rhaid dewis yn wahanol. Felly aethom i mewn i le bach digon cyffredin heb fod ymhell o'r cloc, gan drefnu i'w weld yn taro eto ymhen yr awr. 'Roedd pob man yn lân fel pin mewn papur, a'r perchennog a'i wraig yn sefyll y tu ôl i'r cownter yn coginio pob bwyd ar radell. Crempogau ffwrdd â hi oedd dewis y rhan fwyaf o'r cwsmeriaid, a gwahanol stwffin ynddynt yn ôl y galw, a'r rheiny, wrth gwrs, yn cael eu crasu yn y fan a'r lle. Er eu bod mor flasus, yr hyn oedd yn hyfryd oedd cyfarfod y bobl a ddeuai i mewn o'r stryd, rhai ohonynt ar frys ac yn sefyll i fwyta, a phawb yn annwyl a chariadus ac yn barod i siarad, ac yn ein hannog i fynd i weld hyn a'r llall yn y dre'. 'Roeddynt yn amlwg yn falch ohoni ac yn ymddangos i ni fel un teulu mawr. Wedi'r cwbl cymdeithas, nid adeiladau, sy'n gwneud tre'.

Cawsom gymaint o wybodaeth nes ein bod yn eiddgar i'w chychwyn hi rhag colli dim byd. Felly ffarwelio â'n cyfeillion hawddgar a'i hanelu hi at Farchnad y Sgwneri. Oherwydd bod yr ynys mor greigiog, garegog, mae'n amhosibl tyfu llysiau a ffrwythau ar raddfa eang, felly am ei bod mor agos at gyfandir De America, daw llongau o Venezuela â chyflenwad ffres i'r farchnad hon bob dydd. Mae'r olygfa yn werth ei gweld, y ffrwythau a'r llysiau trofannol yn ogystal â physgod wedi eu gosod allan ar fin y doc, a hwyliau pob sgwner wedi eu gostwng yn y fath fodd nes eu bod yn eu cysgodi. Yma, mewn sgwrs efo un neu ddau o'r morwyr yr aeth chwa o awelon y cyfandir i lawr fy meingefn — wedi'r cwbl 'roedd Venezuela mor agos â mynd o Harlech i'r Bala, ond yn ôl y morwyr hyn, nid Venezuela oedd hi, ond El Dorado — gwlad yn llifo o olew — yr aur du, gwlad hardd yn tyfu popeth, gan ddangos y ffrwythau hyfryd ar y stondinau, gwlad yn llawn amrywiaeth, jyngl o goed gwerthfawr, gwlad y paith neu'r *Llanos*, gwlad y cowboi, gwlad yr iseldir o gwmpas Llyn Maraceibo, a gwlad lle gwelir mynyddoedd uchel â'u copaon yn wyn dan eira tragwyddol — aur, diemwntau, perlau, marmor, popeth, yn ôl yr hogiau. Herian oeddynt, mae'n siŵr, busnes yn ara' ar ôl cinio, ac yn gweld golwg 'bethma' yn fy llygaid, ond mae'n braf clywed hogiau yn canmol eu gwlad i'r cymylau. Herian neu beidio, yn eu cwmni y deuthum i sylweddoli o ddifri' fod yna gyfandir anferth ar y gorwel, a hwnnw'n ymestyn i lawr i Tierra del Fuego stormus a'u bod i gyd yn perthyn.

Dychwelyd drwy'r Heerstraat, y stryd sydd wedi ei phalmantu â theils cochion, ac yn waharddedig i bob trafnidiaeth, siopa tipyn cyn eistedd ar y meinciau yn y stryd fawr i weld y byd a'i wraig yn mynd heibio. Dywedodd y gwybod-

110

usion ar y llong fod dros ddeugain o wahanol hiliau wedi eu corlannu yma i ryw gant saith deg ac wyth o filltiroedd sgwâr, ac eto i bob ymddangosiad daethant o hyd i ffordd i fyw'n gytûn. Dipyn o gamp i boblogaeth o dros gant a hanner o filoedd.

Tybed faint o'r trigolion a brysurai i fyny ac i lawr y stryd oedd yn hanu o'r hen gaethweision 'slawer dydd? A fu yma Gymry? Gan ein bod newydd ddod o Jamaica 'doedd dim posib' anghofio ystadau Pennant ar yr ynys honno a'r caethweision oedd yn slafio arnynt hwy. Yn ôl yr hanes 'roedd gan y Pennantiaid gonsarn am eu gweithwyr, gan ofalu tyfu bwyd ar eu cyfer, ac nid oedd Richard Pennant, yn enwedig, ddim am iddynt gael eu 'hambygio'. Ond gan nad oeddynt yn byw ar yr ynys, anodd iawn oedd cadw llygad ar 'fistimaners' y goruchwylwyr. Rhag fy nghywilydd fod yn rhaid i mi eistedd ar fainc yn Willemstad i ddod wyneb yn wyneb â gwir bris siwgr a bwydydd eraill tebyg.

Oddi yno, yn ôl ein cyfarwyddyd aethom i weld Parc Wilhelmina, y gerddi a'r sŵ, a'r dre' fach, lle mae plant yn gallu dysgu rheolau'r ffyrdd mewn ceir bach. 'Roedd y gerddi y tu hwnt o brydferth a myfyrwyr yma ac acw yn brysur yn arlunio. Yn yr amgueddfa, arddangosfa o ddarluniau modern oedd yn denu'r bobl ond 'roedd yna hen ddodrefn oedd, fe gredaf i, yn werth ffortiwn. 'Roedd yn rhaid mynd i Chobolobo i weld sut mae'r gwirod enwog yn cael ei gynhyrchu, ond 'doeddwn i fawr callach, ac er imi gael llwnc ohono, nid dyna pam nad wyf yn cofio dim am y bragdy, ond oherwydd imi glywed hanes y dŵr. Ychydig iawn o ddŵr naturiol sydd yna ar yr ynys ac maent yn gorfod distyllu dŵr y môr. I ddweud y gwir nid oedd gennyf fawr o ffansi iddo, ond rhaid cyfaddef ei fod yn hollol glir a phur, mor bur, nes ei fod yn cael ei ddefnyddio i wneud Cwrw Amstel — nid fy mod i'n deall y cysylltiad, ond 'roedd llygaid y dynion yn sgleinio!

Dylwn ddweud gair am yr aer sydd yn ffres, yn sych, ac yn rhydd o baill. Mae'r ynysoedd y tu allan i lwybrau'r corwyntoedd, ac y mae'r gwyntoedd cyson yn cadw'r tymheredd tuag wyth deg gradd.

Y cof olaf sydd gennyf o Curaçao yw sefyll wrth erchwyn y llong, a hithau'n dechrau nosi, band dur yn drymio'n soniarus ac yn tincial yn rhythmig yn y pellter, minnau'n edrych ar lain o ddŵr o liw *jade* tywyll, a llipryn o hogyn main ei gorff brown yn hollol lonydd yn sefyll ar ganŵ du, a'r llonyddwch, ynghyd â'r lliwiau gwyrdd, du, a brown yn toddi i'w gilydd mor hyfryd, a'r gwrando astud yn ddiweddglo cofiadwy i mi i'r hyfrydwch a gefais ar yr ynys fechan hon.